W9-BJA-172

EN BOGA

Cuentos de la actualidad hispánica

E^N B^{OGA}

Cuentos de la actualidad hispánica

CARLO R. MALTEMPI
GERALD S. WEINER
Kent State University

D. VAN NOSTRAND COMPANY

New York   Cincinnati   Toronto   London   Melbourne

D. Van Nostrand Company Regional Offices:
New York   Cincinnati

D. Van Nostrand Company International Offices:
London   Toronto   Melbourne

Copyright © 1977 by Litton Educational Publishing, Inc.

Library of Congress Catalog Card Number: 76-27927
ISBN: 0-442-25095-9
All rights reserved. No part of this work covered by the copyright hereon may be reproduced or used in any form or by any means—graphic, electronic, or mechanical, including photocopying, recording, taping, or information storage and retrieval systems—without written permission of the publisher. Manufactured in the United States of America.
Published by D. Van Nostrand Company
450 West 33rd Street, New York, N.Y. 10001

10   9   8   7   6   5   4   3   2   1

PREFACE

EN BOGA: CUENTOS DE LA ACTUALIDAD HISPÁNICA contains a wide variety of short stories selected in the hope of appealing to the interests of students of intermediate Spanish. We have focused on modern, contemporary authors to whom today's student can relate and based our criteria on readability and content relevance. Since intermediate Spanish is taught by a variety of methods, we feel that our text is applicable to a multi-faceted approach to language learning. The stories are presented in order of difficulty, from the easiest to the most challenging.

Varied exercises follow each selection to test reading comprehension, stimulate conversation, and increase vocabulary. We have also incorporated a translation exercise designed to improve the student's ability to read Spanish and to build an expansive vocabulary.

The text contains features which, to our knowledge, are not generally found in readers at this level: appendixes on cognates, orthography, and word formation; grammar review; and commonly used idiomatic expressions. The appendix on cognates and word formation will be an invaluable asset to students in expanding their vocabulary. The grammar review serves to keep current the student's knowledge of basic grammatical principles and functions as a handy reference to aid students in their reading. The list of idiomatic expressions is a useful tool in helping students recognize common phrases and expressions.

The text includes a complete end vocabulary to aid students with unfamiliar words.

Acknowledgments

The editors wish to thank the following for their permission to reprint the material appearing in this volume:

Gloria Hervas Fernández for *Juego de los colores* and *El mejor lugar*.

Mario Costas for *Habitación: alquiler gratuito*.

Angel Carlos de Lera for *Juan Nadamás.*

María Manuela Dolón for *Noche de fuga* and *Héctor Max.*

Alfonso Martínez Mena for *El hombre.*

Guillermo Osorio for *El perro azul.*

Carlos M. Perelétegui for *Hay algo que no se para.*

Gabriel García Márquez for «La prodigiosa tarde de Baltazar» from *Los funerales de la mamá grande,* Colección Indice, Editorial Sudamericana, Buenos Aires, 1972.

Alfredo Cardona Peña and Alejandro Finisterre for «Los astros no saben mentir» and «La otra muerte» from *Cuentos de magia, de misterio y de horror,* Colección «Relatos extraordinarios», Finisterre, México, 1966.

Alfredo Bryce Echenique for *Con Jimmy en Paracas.*

Jorge Ferrer-Vidal Turull for *Sólo sé de tristeza.*

CONTENIDO

GLORIA HERVÁS FERNÁNDEZ

Gloria Hervás Fernández nació en Sevilla, España, en 1951. A los ocho años empezó a leer la literatura española, y en los años escolares participó en muchos concursos de redacción. En 1969 comenzó estudios de Artes Aplicados y Oficios Artísticos en Sevilla. Interrumpió estos estudios en 1970 cuando se trasladó con su familia a la isla de Tenerife en las Islas Canarias. En Tenerife colaboró con varios artículos en el periódico *vespertino* y *matutino* «El Día». En Tenerife continuó el Bachiller Superior y también obtuvo el título de Profesora de Francés. En 1972 viajó a París, recorrió parte de Francia y volvió a España en el verano de 1973. También en 1972 comenzó sus estudios de Filosofía y Letras. La Srta. Hervás Fernández tiene escritos cuentos breves como «El juego de los colores» que se publicó en 1973 en «La Estafeta Literaria». Entre los títulos de estos cuentos figuran «El mejor lugar» y «Juguetes rotos». También ha escrito varios ensayos. En 1975 su novela Sandra o la Soledad *participó en el concurso «Premio Agora de Novela Corta»* Vizcaya.

Actualmente la Srta. Hervás Fernández sigue con sus estudios de Filosofía Y Letras en la Universidad de Madrid donde lleva matriculada desde 1974.

El juego
de los colores

Me llamaba la atención, al pasar por aquella plaza, el encontrarme con la mirada, siempre igual, del mismo viejecito.

Por mí pasaron todos los sentimientos que produce el observar a una persona anciana: la pena, el 5 cariño... Y me enfrascaba en una mar de reflexiones. Incluso llegué a elaborar en mi mente un ensayo sobre la senectud, pensando que era un gran problema el de su marginación en la sociedad. Sin embargo, aquel anciano en particular me daba la imagen del hombre 10 feliz y me intrigaba la inmutable sonrisa de su rostro y el imperceptible gesto de aquiescencia hacia todo aquello que miraba como si lo que descubriera no representara para él tal descubrimiento.

En una ocasión, y cansada ya de realizar conjeturas y de agotar mi imaginación, decidí hablar con él y preguntarle qué hacía todos 15 los días en el mismo banco y con la misma sonrisa.

Me costó un cierto trabajo decidirme. No tenía derecho a molestar a nadie con mis pensamientos «profundos» sobre la vida y menos a alguien que se hallaba en los últimos días de su vida.

—¡Vaya! —le oí decir—. La chica azul se ha decidido a dia- 20 logar con el hombre amarillo.

Creo que notó mi expresión de asombro, pero procuré disimularlo, y con la mayor naturalidad posible le rogué que me explicara esa especie de bienvenida.

—Bien, bien... Veo que todavía a alguien le interesa lo que 25 pueda decir este viejo. ¿Ves aquella mujer que está sentada en el otro extremo de la plaza vigilando a un niño? La ves. Bien, pues ésa es la señora gris.

—Muy interesante... ¿por qué?

—Porque el gris es el color de la masa, y ella es una más en

6	me enfrascaba (enfrascarse) *to entangle oneself*	13	agotar *to exhaust, drain*
7	senectud *old age*	21	asombro *astonishment*
			disimular *to conceal*
10	inmutable *invariable*	23	bienvenida *welcome*
11	gesto *appearance*	26	vigilando (vigilar) *to watch over*

2

take for a walk

todo ese conjunto de señoras que(sacan a pasear)a sus nietos, les
dicen las mismas cosas invariablemente y les sonríen siempre de la
misma manera. Es un color necesario para que los demás subsistan, *ALL*
por su presencia en la casa, ni las hijas libres para acompañar a sus

5   existirían los niños que piden caramelos, o los yernos enfurruñados *CARMELS*
por su presencia en la casa, ni las hijas libres para acompañar a sus
maridos.
—Veo que piensa usted con bastante lógica.
—A medias solamente, hija; todavía tengo muchas cosas en

10 boceto... Mira, ahí viene el chico marrón. Obsérvalo: ¿no te salta a
la vista su color?   *MARROW*   *JUMP*
—Pues, no sé...; lo que sí parece es un chico de oficina.
—Muy bien, y ¿de qué color son los muebles de esa oficina, de
todas en general?

15 —Ya entiendo. Usted ve al chico y lo primero que se imagina
son cuatro paredes, con sillas y mesas marrones, así como la puerta
y los demás muebles.
—Veo que me comprendes, hija; pero hay algo más; el chico
está impregnado de todo eso; es un mueble más en su oficina y ni al

20 salir de las cuatro paredes puede olvidarse de su color.
—Oiga, señor, y aquella chica tan guapa y elegante que está
pasando ahora mismo, ¿qué color tiene?
—Naturalmente, rojo, que es el color que más destaca. Se
adivina al verla que es de las personas que llaman la atención, que

25 brilla... Pero es muy difícil de soportar; a nadie le gusta que su
color quede apagado por otro.
—Y el verde, ¿a quién le pone usted el color verde?
—A esa chica del delantal blanco y el traje negro. Se ve en *IN SPITE*
sus ojos la añoranza de sus campos de crianza,(a pesar de)que está *OF*

30 plenamente convencida de que su color es el plateado, el de las *SILVER*
monedas que pueden solucionarle el porvenir. Y aquella viejecita *PLATED*
COINS
del otro banco es la señora blanca. Era un libro de imágenes, que
borró la goma del tiempo y que ningún lápiz ya puede darle color.
—Usted es feliz poniendo colores, ¿verdad?

1	conjunto *group, aggregation*	23	se adivina (adivinar) *to guess*
	sacan (sacar) a pasear *to take for*	26	apagado *overshadowed*
	a walk	28	delantal *apron*
	nietos *grandchildren*	29	añoranza *longing*
5	yernos enfurruñados *angry*		campos de crianza *place of*
	sons-in-law		upbringing
9	a medias *partially*	31	porvenir *future*
10	boceto *sketch*	33	borró (borrar) *to erase*
23	destaca (destacar) *to stand out*		goma del tiempo *eraser of time*

OLD AGE

—No; todo lo que de triste puedas pensar sobre la vejez es cierto, y yo soy un viejo. Pero me distraigo así; distraigo el color negro, que quiere ribetear a todas las personas. No te he hablado de las combinaciones de colores o de los cócteles, como decís ahora;
5 pero, en realidad, éstos son los que componen la mayoría. Negro y blanco, amarillo y verde, rosa y azul...

—Desde luego, existen pocas cosas absolutas; yo diría que ninguna... Por cierto, al principio habló del azul mío y el amarillo suyo...
10 —Tú eres azul porque amas los espacios libres, las cosas abiertas; tú sola eres un espacio donde pueden entrar y salir personas y cosas..., y yo soy amarillo, porque sólo cuando hay sol puedo vivir; sólo el sol me permite estar sentado aquí, viviendo, con los demás y sin ellos. Espero, hija, que el amarillo tarde mucho tiempo en
15 ocupar un lugar en tu espacio; ofrece muy pocas posibilidades.

2	me distraigo ((distraerse) *to divert, amuse oneself*	8	Por cierto *for certain, certainly* al principio *at first, in the beginning*
3	ribetear *to hem*		
7	desde luego *of course*		

EJERCICIOS

A. Cuestionario

1. ¿Qué veía la joven al pasar por la plaza?
2. ¿Qué sentimientos experimentaba la señorita al observar a la persona vieja?
3. ¿Qué imagen le daba el anciano a la joven señorita?
4. ¿Por qué le costó trabajo a la señorita hablar con el viejo?
5. ¿Qué observa el hombre?
6. ¿Por qué es gris la señora que está vigilando a un niño?
7. ¿Cómo es el chico marrón?
8. ¿Por qué es roja la chica guapa?
9. ¿Por qué es muy difícil soportar el rojo?
10. ¿Qué se puede ver en los ojos de la chica verde?
11. ¿Por qué no es feliz poniendo colores el viejo?
12. ¿Qué representa el color negro?
13. ¿Cómo es la señorita azul?
14. ¿Por qué es de color amarillo el viejo?
15. ¿Qué espera el viejo amarillo?

B.   Correcto — Incorrecto

1.   La joven sentía pena y cariño por el viejo.
2.   Al viejo le gustaba observar los colores de los árboles y las plantas.
3.   A la joven no le interesaba hablar con el viejo.
4.   Los niños necesitan a las señoras grises para pedir caramelos.
5.   Las señoras grises siempre sacan a pasear a sus yernos.
6.   El viejo habla con mucha lógica.
7.   El chico marrón tiene el color de los muebles de una oficina.
8.   El rojo no llama la atención como el verde.
9.   El plateado representa el color del dinero.
10.   Los cócteles son los refrescos de las personas de color rojo.

C.   Eliminación

Elimine Ud. la palabra que no pertenece al grupo.

1.   verde, rojo, rosa, guapa
2.   anciano, joven, senectud, vejez
3.   masa, conjunto, marginación, sociedad
4.   paredes, sillas, mesas, muebles
5.   lugar, espacio, sitio, boceto

D.   Selección de la Palabra Correcta

Escoja Ud. la palabra que se asocia más con la palabra escrita con mayúscula.

1. Subsistir	a. pedir		4. Pensamiento	a. porvenir	
	b. existir			b. conjetura	
	c. rogar			c. reflexión	
	d. ofrecer			d. expresión	
2. Feliz	a. cariño		5. Hablar	a. disimular	
	b. elegante			b. dialogar	
	c. asombro			c. subsistir	
	d. sonrisa			d. imaginar	
3. Brillo	a. sol				
	b. gris				
	c. delantal				
	d. rostro				

E. Antónimos

Escriba Ud. el antónimo de las palabras siguientes. Emplee palabras del cuento.

1. el pasado   3. acordarse   5. feo
2. la juventud   4. triste

F. Traducción

Traduzca Ud. los pasajes siguientes al inglés.

1. «Porque el gris es el color de la masa, y ella es una más en todo ese conjunto de señoras que sacan a pasear a sus nietos, les dicen las mismas cosas invariablemente y les sonríen siempre de la misma manera. Es un color necesario para que los demás subsistan, pero no tiene brillo por sí solo.»

2. «Y aquella viejecita del otro banco es la señora blanca. Era un libro de imágenes, que borró la goma del tiempo y que ningún lápiz ya puede darle color.»

3. «..., y yo soy amarillo, porque sólo cuando hay sol puedo vivir; sólo el sol me permite estar sentado aquí, viviendo, con los demás y sin ellos. Espero, hija, que el amarillo tarde mucho tiempo en ocupar lugar en tu espacio; ofrece muy pocas posibilidades.»

G. Composición y Discusión

1. Los colores tienen importancia
2. Colores y personalidades
3. Mi color favorito

MARIO COSTAS

Mario Costas nació en Madrid en 1949. Cursó los primeros estudios en la Saint Paul's School de Nueva York. Continuó los estudios secundarios en Madrid, ingresando posteriormente en la Universidad Complutense de Madrid donde está a punto de terminar su licenciatura en Historia del Arte.

El Sr. Costas alterna su labor de escritor con la pintura. En este último aspecto ha realizado su obra casi totalmente por encargo, figurando en colecciones particulares de España, Estados Unidos, Inglaterra y Suiza.

Como escritor ha dedicado especial atención a la poesía y a la narración breve. Su obra poética, escrita en inglés, aún permanece inédita, habiendo publicado algunos poemas traducidos al castellano en la revista Poesía Española. Ha publicado cuentos en revistas literarias y publicaciones periodísticas especializadas.

En la actualidad prepara un libro de cuentos en castellano y un libro de poesía en inglés, mientras mantiene su dedicación a la pintura.

Habitación:
alquiler gratuito

Cuando Carolina entró, la habitación estaba a oscuras. [DARK] Fue directamente a la mesita y encendió la lámpara que había encima. [ABOVE]

Se quitó el abrigo, lo tiró sobre el sofá y se sentó. Le latían las sienes y los ojos le escocían un poco. Se pasó suavemente la punta de los dedos por los párpados y las cejas.

La luz le molestaba. La apagó y buscó en la oscuridad su bolsillo. Sacó un sobre, alargando luego la mano por encima del brazo del sofá hacia la mesita. Allí dejó la carta, apoyada en la lámpara.

 Oyó ruido fuera. [NOISE] La puerta de entrada se abrió, dejando pasar, desde el «hall», un rayo de luz que se extendió por la oscuridad de la habitación. Carolina encendió la lámpara y miró, deslumbrada, hacia la dirección por la que entraría su madre.

—Carolina, ¿estás ahí?

—Sí, madre.

—¿No ha venido David todavía?

—No... Creo que no. No he mirado en su cuarto.

—¿Pasa algo? Tu voz...

—Es sólo dolor de cabeza.

Inés entró en el cuarto de estar. Su pelo agrisado estaba desordenadamente arreglado en su cabeza. Tenía un sombrero de lana en la mano. Después de doblarlo miró hacia la escalera y luego a Carolina.

—¿Has tomado una aspirina? —inquirió sin mucha preocupación.

—No. Acabo de llegar. Me cambiaré de ropa y la tomaré.

Se levantó, cogió el abrigo y el bolsillo con una mano y con la otra trató de poner en orden su pelo rojizo.

---

alquiler *rent*
4 le latían (latir) las sienes *her temples were throbbing*
5 escocían (escocer) *to sting*
6 párpados *eyelids*
cejas *eyebrows*

8 alargando (alargar) *to stretch, reach*
9 apoyada *leaning*
12 deslumbrada *bewildered*
20 cuarto de estar *living room*
22 doblar *to fold*

—¿Qué es esto? —preguntó Inés al ver la carta.

—Carta de papá.

—¡Ah! —cogió el sobre y lo inspeccionó, volviendo a dejarlo contra la lámpara.— Puedes leerla si quieres.

5 —Siempre lo hago, madre. Después de una semana de seguir ahí cerradas, las abro y las leo.

—Al fin y al cabo... es tu padre.

—Sí... no creo que te importe mucho.

—No, no me preocupa.

10 Estaba ante la puerta del cuarto de David, frente a la cocina, y Carolina ya estaba subiendo las escaleras a su habitación.

II

—Tengo que estudiar esta noche, Inés.

Ella lo miró. ¿Qué quería decir con eso?

—¿Cómo van los parciales en la universidad, David? Pro-
15 gresas, ¿no?

—Sí —cruzó las piernas y empezó a jugar con los cordones de los zapatos.

—¿Te pasa algo? —Inés se sentó a su lado.

No la miró. Ella le sujetó la mejilla y lo besó en los labios.
20 David lo aceptó cansadamente.

—¿Vas a estudiar toda la noche?

—¿Dónde está Carolina?

—En su cuarto. No te preocupes. ¿Qué te pasa, David?

—Nada. Sólo estoy cansado. Supongo.

25 Ella colocó un momento una mano sobre su pierna. Después se levantó, expresando contenta:

—La cena te animará. Voy a prepararla.

—Estaré en mi cuarto.

III

Podía oírla en la cocina, preparando la cena. Inés nunca can-
30 taba o silbaba mientras trabajaba, como hacía su madre. Nunca mostraba su felicidad, excepto cuando estaban juntos por la noche. Hoy no la dejaría pasar a su cuarto.

7	al fin y al cabo *after all*	19	mejilla *cheek*
13	quería (querer) decir *to mean*	25	colocó (colocar) *to place*
14	parciales *mid-term exams*	30	silbaba (silbar) *to whistle*
19	sujetó (sujetar) *to hold fast*		

Al empezar el curso había visto en ella una oportunidad de estudiar y de ahorrar. Pero ahora no podía soportar las caricias de esas manos arrugadas. Quedaba de febrero a junio. Pagaría el alquiler y se libraría de ella. O, mejor, se iría a otra casa.

5   Estaba en la cocina. No podía alejar de su imaginación el reflejo de decadencia que había visto en su cuerpo. No podía soportarlo.

Cerró los ojos apretándolos. Contó hasta veinte. Se acercó a la cama y reunió sábanas y mantas en un montón, dejándolo todo en una silla. De debajo sacó su maleta que, una vez abierta, colocó sobre el colchón. Después abrió el armario y sacó todas sus cosas, tirándolas encima y alrededor de la maleta.

Encendió un cigarrillo y se sentó en la mesa.

—¡La cena está lista! ¡David! ¡Carolina!

15   A los crujidos de las escaleras siguieron unos pasos, por delante de su puerta, hacia la cocina.

—¿No ha llegado David?

—Sí, está en su cuarto.

Las voces le llegaban claras a través del pasillo.

20   —Ayer no le vi... Me imagino que tiene que estudiar de firme.

—Sí. ¡Pobre chico! Sus padres deberían estar orgullosos de él.

—Sí... muy orgullosos.

—¿Qué quieres decir, Carolina?

—Nada... ¿Qué hay de cena?

25   —Sopa de fideos y estofado.

—¡Qué rico!

David fue a la puerta y la abrió. Desde allí podía ver parte de la cocina. Carolina se había sentado a la mesa y estaba comiendo. Su madre fregaba las tazas del café.

30   —¡David! —llamó de nuevo.

Cruzó el pasillo hasta la cocina.

—¡Buenas noches, Carolina!

—¿Qué hay? —parecía estar contenta de verle. Mientras sostenía la cuchara con la mano derecha, con la otra colocaba su pelo.

2	ahorrar *to save*	11	colchón *mattress*
	caricias *caresses*		armario *wardrobe, clothes closet*
3	arrugadas *wrinkled*	15	crujidos *creaking*
5	alejar *to move away*	20	de firme *hard*
8	apretando (apretar) *to tighten*	21	orgullosos *proud*
9	sábanas *sheets*	25	fideos *thin noodles, vermicelli*
	mantas *blankets*		estofado *stew*
10	maleta *suitcase*	29	fregaba (fregar) *to scrub*

—¿No le notas muy serio esta noche? —preguntó la madre al sentarse.

—Todos tenemos derecho... de vez en cuando.

—¿No siempre? —inquirió David, sonriendo.

—Francamente, no. No tenemos derecho a hacer a los otros infelices siempre. Pero, de vez en cuando, no está del todo mal. ¡Con la vida que estamos obligados a llevar!

Carolina se levantó llevando su plato de sopa al fregadero. Volvió con dos. Su carne y la de David. El no había terminado la sopa. Le dejó el plato a un lado. La miró.

—¡Gracias!

Carolina le contestó con una sonrisa. Mientras tanto, Inés se levantó para coger su segundo plato.

—¿Volverás a tu pueblo este verano?

—¡Carolina! ¡Aún estamos en enero!... Va a pensar que le metemos prisa para que se vaya.

No prestó atención a la exclamación de su madre.

—Así que... ¿Volverás?

—Pudiera ser.

—¡Qué interesante! —se mostró entusiasmada—. Mi padre me dice en sus cartas que siempre está cambiando de hotel.

—¡Carolina!

—Es lo que dice en sus cartas.

La madre se volvió bruscamente hacia ella y la miró furiosa. Quedaron callados. Carolina acabó lentamente de cenar, se limpió la boca con la servilleta, bebió agua y, silenciosa, abandonó la cocina.

Inés suspiró y se sentó de nuevo.

—Todavía quiere a su padre —explicó con tono de culpabilidad.

—¡Es natural! ¿Tú no...?

—Es demasiado viejo y yo aún joven... Tiene sus negocios en otras ciudades y yo tengo el mío aquí, con mi peluquería. Todos somos felices.

—Yo no, Inés.

—Pero, ¿qué te ocurre? ¿Quieres dinero?

—Quiero irme.

---

3 de vez en cuando *from time to time*
8 fregadero *sink*
25 callados *silent*

28 de nuevo *again*
33 peluquería *hairdresser's shop, barbershop*

—¿Qué significa eso?

—Para estudiar como necesito es preciso estar solo, pero ahora estoy viviendo contigo.

—¿No te dejo estudiar? —su indignación crecía poco a poco.

5　　—No me dejas ni respirar.

—¡Chist! Carolina puede oírte —Inés salió al pasillo y echó una mirada al cuarto de estar—. Puedes decir lo que quieras. Está en su cuarto.

—No tengo nada que decirte. ¡Me voy!

10　　Ella cerró la puerta y se volvió.

—¿Qué te he hecho? Te he querido como una esposa. Yo...

—Me deseas como una esposa... pero no lo eres... Me deseas como una viuda vieja que ha puesto sus ojos en un muchacho.

—¡No eres un muchacho!

15　　—Podría ser tu hijo.

—¡Te has enamorado!

—¡Ah! Eres la única mujer a la que me queda tiempo para hablar. Si llego tarde, si huelo a algo que no sea sudor, me lo reprochas.

20　　—Carolina. Estás enamorado de Carolina —le agarró por el brazo—. ¡Mírame! ¿Es así?

—¡Déjame! Ni se me ha pasado la idea por la cabeza.

—¡No mientas!

Librándose de su mano, David se dirigió a la puerta.

25　　—¿A dónde vas?

—A mi cuarto. A hacer la maleta.

—¡Tú te quedas aquí! —se acercó a él—. No me soportas, ¿eh? —Y le abofeteó.

David quedó quieto, mirando al suelo. Inés se había hecho fea

30　y violenta.

—Soy demasiado vieja. No puedes resistir el tener sólo a la vieja, cuando hay una joven en la casa... Bien. Ve. Tómala, si te deja. —Hubo un silencio—. Pero, ¡por favor, no me dejes!... ¡Te lo ruego! —Se había abrazado a la cintura de David—. ¡Por favor!

35　　—¡Déjame!... —la separó de él y salió de la cocina.

Inés corrió a la mesa, cogió un plato y lo tiró a la puerta que David había cerrado tras él.

2	es preciso	*it is necessary*	20	agarró (agarrar) *to grab*
13	viuda	*widow*	23	¡No mientas! (mentir) *to lie*
18	huelo (oler)	*to smell*	28	abofeteó (abofetear) *to slap*
	sudor	*perspiration, sweat*	34	cintura *waist*

IV

El cuarto de estar estaba bañado del blando día de primavera después de un calor intenso. Carolina se recostó cansada. Su
trabajo requería demasiada actividad. Hubiera deseado que fuera
más sedentario.

5   Sentada, abrió su bolsillo y sacó una carta. Estuvo a punto de
colocarla sobre la mesita, al lado del sofá, pero retiró la mano,
rompió el sobre y la leyó.

Todas eran iguales. Su padre sólo sabía escribir cartas comer-
ciales. Ya no se dirigía a su madre. Sin embargo, era lo mismo.
10   Quería mantener viva la última llama de su unión, pero sus expresiones fallaban.

Carolina guardó la carta en el sobre y se levantó. Cuando
ponía el pie en el primer escalón para subir a su cuarto oyó voces
y el ruido de la llave.

15   —¡Ah, puedes tutearme! Vamos a vivir juntos.

—¡Gracias, señora!

Pasaron al cuarto de estar. Carolina los vió cuando entraban.

—Ricardo, este es el cuarto de estar. Y, ¿ves ese pasillo? A la
derecha está tu habitación y la puerta de enfrente es la cocina. Te
20   lo enseñaré en un momento, pero primero debes conocer a mi atrac-
tiva hija. ¡Carolina! —llamó.

Subía lentamente la escalera y se sintió cogida por sorpresa.

—¡Carolina!

—Sí, madre —bajó unos escalones.

25   —Quiero que conozcas al señor Núñez, Ricardo Núñez. Es
nuestro nuevo huésped. Me lo ha recomendado el catedrático de
Ciencias de la Universidad.

El muchacho se acercó a Carolina y estrechó su mano con
gesto simpático. Había un brillo en sus ojos cuando se volvió a Inés,
30   que le cogió del brazo y le condujo a la habitación frente a la
cocina.

Carolina los siguió con la mirada hasta que desaparecieron en
la alcoba. Después siguió subiendo los escalones.

En su cuarto guardó la carta de su padre en el cajón que les

---

9   Sin embargo *however,*
     nevertheless
10 llama *flame*
15 tutear *to address one in the*
     familiar

18 pasillo *hallway*
26 huésped *guest*
    catedrático *professor*
34 cajón *drawer*

tenía reservado. Se quitó los zapatos y las medias y se echó sobre la cama.

Quizá este muchacho duraría más que David.

EJERCICIOS

A. Cuestionario

1. ¿Qué sacó Carolina de su bolsillo?
2. ¿Qué ruido oyó Carolina fuera?
3. ¿Quién es David?
4. ¿Qué tiene Carolina hoy?
5. ¿De quién era la carta que leía Carolina?
6. ¿Cuál es la relación entre Inés y David?
7. ¿Qué tiene que hacer David esta noche?
8. ¿Cuándo mostraba Inés su felicidad?
9. ¿Por qué ya no quiere quedarse David en la casa de Inés? ¿Qué piensa hacer él?
10. ¿De qué tema no quiere Inés que David y Carolina conversen? ¿Por qué le molesta ese tema?
11. ¿Por qué no está viviendo el marido de Inés en casa con ella?
12. ¿Por qué no le gustan a David sus relaciones con Inés?
13. ¿Por qué cree Inés que David ya no la desea?
14. ¿Qué le ruega Inés a David?
15. En su rabia, ¿qué hizo Inés después de que David cerró la puerta?
16. ¿Cómo eran todas las cartas del padre de Carolina?
17. ¿Cómo es la relación entre Inés y su esposo?
18. ¿Con quién entra Inés?

B. Correcto — Incorrecto

1. Carolina quería mucho a su madre.
2. David no podía continuar viviendo en la casa porque no tenía bastante dinero para pagar el alquiler.
3. Inés no tiene interés en leer la carta de su esposo.
4. Carolina prepara la cena para su madre y David.
5. David fue a su habitación para hacer las maletas.
6. David se encuentra muy contento durante la cena.
7. Inés estaba furiosa porque David entró en la habitación de Carolina.
8. La madre tiene celos de su hija.

9. En sus cartas, el padre de Carolina siempre pregunta por su esposa, Inés.
10. El nuevo pensionista es el catedrático de Ciencias de la Universidad.

C. Selección de la Palabra Correcta

Seleccione Ud. la palabra o expresión más apropiada para completar el significado de la frase.

1. Carolina rompió _____ para leer la carta.
   - a. el sobre
   - b. el plato
   - c. la lámpara

2. Miguel acarició el cabello de María con sus _____.
   - a. párpados
   - b. piernas
   - c. dedos

3. Enrique emprendió sus trabajos _____.
   - a. de enfrente
   - b. de firme
   - c. al lado de

4. Ese restorán es famoso por su _____ sabroso.
   - a. estofado
   - b. montón
   - c. colchón

5. Después de correr, le _____ el corazón.
   - a. fregaba
   - b. encendía
   - c. latía

D. Sinónimos

Escoja Ud. de la lista un sinónimo para cada una de las palabras o expresiones entre comillas.

pusieron	el lecho
descontento	procuraron
aguantaron	en silencio
amable	es necesario

1. Carlos se echó sobre «la cama».
2. Todos quedaron «callados» después de la oración del Presidente.
3. Roberto es un chico «infeliz».
4. «Trataron de» apaciguar la rebelión.
5. «Colocaron» los discos sobre la mesa.
6. Miguel es un chico «simpático».
7. «Es preciso» estudiar la lección todos los días.
8. Los maestros no «soportaron» las tonterías de los alumnos.

E. Traducción

Traduzca Ud. los pasajes siguientes al inglés.

1. «Podía oírla en la cocina, preparando la cena. Inés nunca cantaba o silbaba mientras trabajaba, como hacía su madre. Nunca mostraba su felicidad, excepto cuando estaban juntos por la noche.»

2. «Al empezar el curso había visto en ella una oportunidad de estudiar y de ahorrar. Pero ahora no podía soportar las caricias de esas manos arrugadas. Quedaba de febrero a junio. Pagaría el alquiler y se libraría de ella. O, mejor, se iría a otra casa.»

3. «Soy demasiado vieja. No puedes resistir el tener sólo a la vieja, cuando hay una joven en la casa... Bien. Ve. Tómala, si te deja... Pero, ¡por favor, no me dejes!... ¡Te lo ruego!»

F. Composición y Discusión

1. Las ventajas y desventajas de alquilar una habitación
2. Por qué a Ud. le gustaría tener su propio hogar
3. La vida de un estudiante es difícil

El mejor lugar

GLORIA HERVÁS FERNÁNDEZ

ernando se levantó aquel día de peor humor que de costumbre. No es que tuviese mal carácter, pero últimamente se hallaba como a disgusto con todo, en todo,... y no sabía por qué. Soy joven, se decía, tengo un trabajo, unos amigos
5 y debería ser feliz... pero no lo soy.

Aquella mañana su madre fue la depositaria de sus desabridos ánimos, transformados en una continua queja, por lo tarde del desayuno, porque aún no estaban planchados los pantalones, por...

Llegaría tarde a la oficina, el coche está frío por la mañana,
10 luego tendría que esperar por causa de los semáforos... y su jefe le daría un raspapolvo empleando ese tono paternal que tenía por costumbre y que tenía la virtud de crisparle los nervios. Los compañeros hablarían de fútbol como siempre y de las chicas estupendas que habían conocido ayer. El desayuno en el bar y en éste el cama-
15 mero que se creía con derecho a conocer la vida de cada uno.

Al mediodía, al volante, sería un animal más que insultaría a su vecino, porque había hecho una mala maniobra que le había interrumpido la suya, maldeciría los semáforos, y al final, llegaría a su casa de nuevo. La madre preguntaría lo de todos los días: ¿qué
20 tal la oficina, hijo?, y él le respondería lo de siempre: ¡Mucho trabajo, mamá, mucho trabajo! Se oirían los niños de los vecinos alborotando, cualquier televisión a todo volúmen, y se olerían los guisos por las ventanas abiertas.

Por la tarde, otra vez a la oficina. A la salida las copas en el
25 bar, alguna película y alguna chica. Y por la noche la televisión, quizá un libro entretenido, el cigarrillo y a dormir.

6	desabridos ánimos *unpleasant thoughts*	14	camarero *waiter*
8	planchados *ironed, pressed*	16	volante *steering wheel*
10	semáforos *traffic signals*	17	maniobra *maneuver*
11	raspapolvo *something of little value*	21	alborotando (alborotar) *to make a racket, to clatter*
12	crisparle los nervios *to set his nerves on end*	23	guisos *dish (food)*
		26	entretenido *entertaining*

Realmente, esto no es vivir, se decía Fernando, esto es gastarse poco a poco la existencia de la forma más monótona. ¡Si pudiera encontrar un lugar diferente! Sí, un lugar donde la gente no tuviera tanta prisa, donde existiesen personas que pensaran en algo más
5   que fútbol y chicas, donde sólo se trabajara una parte del día... un lugar en el cual se hallase eso tan grande que imagino debe existir, aunque no sepa que es a ciencia cierta, un lugar donde yo estuviera siempre de buen humor. Allí montaría mi hogar. Sí, yo busco...

I

Aquella ciudad era muy grande. Las casas, alineadas, parecían
10   la repetición de una sola: ventanas iguales, con rostros idénticos asomados a ellas. Había muchos coches, pero no hacían ruido, se alineaban frente a las señales luminosas, como las casas... No existían muchos peatones como él, pero los que había guardaban el más absoluto silencio.
15   Daba la impresión de ser una ciudad sumamente ordenada. Eso está bien, se dijo Fernando, es señal de que sus habitantes se respetan unos a otros. Creo que me gusta estar aquí, parece que no se discute, y yo aborrezco la discusión. Me quedaré unos días y si me sigo sintiendo bien, montaré aquí mi hogar.
20   En la oficina nadie hablaba de fútbol, todo el mundo pasaba su tiempo con la cabeza baja atendiendo a su cometido hasta la hora de cerrar. Por la tarde no se trabajaba, lo cual alegró mucho a Fernando, animándose cada vez más a la vista de tales cualidades.
Ahora tendría tiempo para pasear, leer y hablar largas horas
25   con sus amigos. Bueno, esa era otra cuestión. Como estaba en un sitio desconocido, no tenía amigos. Pero tampoco era un problema, los buscaría. Así, se metió en un bar en el cual parecía haber juventud, y se dispuso a entablar un diálogo con el primero que viera a propósito para ello. Pero allí estaban todos en una mesa, serios,
30   hablando en un tono de voz muy bajo y con expresiones uniformes.
Nadie parecía llevar el peso de la conversación, al contrario, todos daban la impresión de hablar a la vez.
Fernando no se atrevió a dirigirles la palabra y salió a la calle, dispuesto a disfrutar de un paseo por la ordenada ciudad. Buscó un

8   montaría (montar)) mi hogar   *to set up my home*
13   peatones   *pedestrians*
18   discute (discutir)   *to argue*
      aborrezco (aborrecer)   *to hate, abhor, loathe*
28   se dispuso (disponerse) a entablar   *to get ready to start*
31   peso   *weight*
34   disfrutar   *to enjoy*

parque, o un museo, cualquier cosa que pudiese llenar su tarde. Caminando llegó a algo que parecía un parque con arboles enfilados, con bancos todos iguales y colocados a la misma distancia. Como no hubo ninguno que le llamara especialmente la atención, se sentó en el primero que vio y se dispuso a contemplar a los chiquillos jugando a la pelota y a las señoras haciendo calceta. Pero transcurrieron las horas y ante sus ojos no se presentó ninguna de esas cosas. Al parecer, en aquella ciudad no existían los niños, ni las señoras. Bueno, se dijo, al fin y al cabo los niños sólo arman escándalo, y las señoras son molestas, me iré al cine.

En el cine, había una línea de personas sacando las entradas, sin hablar también. Cogían la entrada y pasaban en orden riguroso, y con el mismo orden se sentaban. La película era muda, ¡lo que faltaba! Fernando se exasperó y se dispuso a salir del cine, pero el portero le indicó que tal cosa no podía hacerse hasta el final de la proyección. Resignado volvió a su asiento y pensó que tal vez se sentía así por ser su primer día en la ciudad. Mañana hablaría con alguien en la oficina y todo sería mucho mejor.

Al día siguiente, en el trabajo todo seguía igual. Parecía como si los que estaban allí no se hubiesen movido de su lugar correspondiente desde el día anterior, por lo que Fernando no se atrevió a hablar con ninguno. Volvió al bar, tomó dos o tres coñacs, intentando hacer ánimos para iniciar la conversación, y se acercó a una mesa. Nadie advirtió o pareció advertir su llegada y mantuvieron idéntica postura a la que tenían antes de él acercarse. Inquieto, Fernando empezó a hablar en un tono más alto que los otros para que notaran su presencia. ¡En vano! Sólo al cabo de bastante tiempo se oyó una voz metálica: ¿Qué buscas en esta ciudad? Pues, verá, yo... No pudo continuar. Se sentía encarcelado, como inmerso en una urna de silencio y desalentado se marchó. ¡Dios mío, qué lugar más triste! ¿Es que ya no existe la alegría en el mundo?

Si continuara en esta ciudad me moriría o me convertiría en un ser mecánico como ellos. ¡No! No deseo ninguna de las dos cosas. Seguiré buscando. Debe existir una ciudad donde todo el mundo sonría y se divierta, donde los rostros tengan una expresión, una expresión de seres vivos.

---

2 enfilados *lined up, in a row*
6 jugando (jugar) a la pelota *to play ball*
   haciendo (hacer) calceta *to knit*
   transcurrieron (transcurrir) *to pass by*
11 sacando (sacar) las entradas *to buy tickets*
13 ¡lo que faltaba! *that's the last straw!*
23 hacer ánimos *to make an attempt*
30 desalentado *discouraged*

II

Esta otra ciudad ofrecía un aspecto de película de Walt Disney. El sol daba un tinte chillón a los colores de las viviendas. Había casas azules con ventanas rosas, casas rosas con ventanas azules, blancas con balcones verdes, donde las flores ostentaban, también
5   colores de todas las bandas del arco iris. Por algunos de ellos se oían las risas de mujeres que hablaban con otras. El canto de los pájaros era tal, que hubiese hecho competencia con el acto final de una opereta.

Cada noche tenía un tono diferente y cada claxón un sonido
10   distinto. Los árboles de las alamedas: unos colgoban más ramas que otros y otros eran más bajos que unos. En cuanto a la especie, nada de que fueran las mismas. Junto a un álamo había una palmera, al lado de un eucalipto se hallaba un pino, y cosas así.

Fernando, un poco extrañado de tantas variedades, pensó que
15   al menos esta ciudad parecía alegre. Daba la impresión de hallarse en una fiesta continua. Todo el mundo paseaba por las calles riendo e incluso cantando. Los niños jugaban a la pelota y las niñas a la rueda. Este detalle le hizo recordar su infancia y se sintió feliz de poder contemplar cómo los chiquillos practicaban todavía el mismo
20   juego de sus tiempos.

Miles de vendedores llenaban las aceras y los parques. Las cafeterías rebosaban de personas, y en las carteleras de los cines sólo se exhibían películas cómicas. Lo mismo sucedía con los teatros. No se anunciaba ningún espectáculo serio o triste.
25   ¡Sí!, sería feliz en esta ciudad, no tendría que pensar en nada, sólo en divertirse y vivir, sólo eso.

Ya únicamente faltaba ver cómo andaban las cosas por la oficina. Pero como eso no era hasta el día siguiente, aprovecharía para divertirse esta noche, como no lo había hecho hasta ahora.
30   Cuando se tendió en la cama a las seis de la mañana, se dio cuenta de que era tonto dormir, pues a las nueve habría de salir para el trabajo. Estaba agotado, no había parado de reír durante

2	chillón *loud (color)*		17	jugaban (jugar) a la rueda *to play pinwheel*
	viviendas *dwellings, houses*			
4	ostentaban (ostentar) *to display, show off*		21	aceras *sidewalks*
			22	rebosaban (rebosar) *to overflow with, to burst with*
5	arco iris *rainbow*			carteleras *billboards*
10	alamedas *poplar groves*		30	se tendió (tenderse) *to stretch out*
	ramas *branches*			se dio (darse) cuenta de *to realize*
11	En cuanto a *as to, as for*			

horas seguidas. Las chicas eran ocurrentes, los chicos contaban un chiste detrás de otro, y aunque al final ya tenía cansadas las mandíbulas de tanta risa, hubo de continuar pues todo el mundo estaba eufórico y no era cosa de desentonar.

5   En la oficina todo el mundo estaba tan fresco, como si hubiesen empleado toda la noche en dormir. Fernando pensó que sería porque los demás días habían descansado y que ayer por lo visto era fiesta. Pero sus compañeros de trabajo reían y reían, se diría que era su única ocupación, ya que las mesas estaban limpias de

10 papeles. Buscó los suyos, pero no los encontró. Entonces preguntó a los demás y le dijeron que no los tenía porque no los había. En esa ciudad no hacía falta trabajar mucho, ya que la gente no necesitaba gran cantidad de dinero, sólo el suficiente para poder vivir al día y reír a gusto.

15   Reír... Fernando lo hizo durante días, tres concretamente, pero al cuarto estaba tan cansado que se quedó dormido en una acera.

    Un guardia se rió al verlo y siguió su camino cantando. Cuando despertó, intentó pedir ayuda para llegar a su casa, pero todo el mundo lo miraba, se reía y seguía su camino. Gritó, lloró, pataleó,

20 pero la gente siguió riendo olvidada de todo aquello que no fuera su propia alegría.

    ¡Soy un desgraciado!, se dijo Fernando, tendré que seguir errante hasta encontrar el lugar soñado.

    Lo peor de todo es que al principio me parece como si tocara

25 la Luna, pero luego se me va.

    Puede que todo sea culpa mía, que sea muy quisquilloso y a cualquier cosa le encuentre defectos, pero la verdad es que no soporto vivir en un lugar donde la gente se pasa el día riendo, como si fuesen enormemente felices, y luego se les pide ayuda en serio y

30 no te hace caso.

    ¿Es que no somos humanos ya? Debe ser eso, que nos estamos mecanizando hasta el punto de importarnos un cuerno lo que le pase al vecino. Pero yo sé que debe existir en el mundo un lugar

1	ocurrentes *witty*	19	pataleó (patalear) *to stamp one's*
2	chiste *joke*		*feet*
	mandíbulas *jaws*	22	desgraciado *unfortunate,*
4	desentonar *to humble one's pride*		*unhappy person*
7	por lo visto *evidently*	23	errante *wandering*
9	ya que *since*	26	quisquilloso *touchy, picky*
14	a gusto *at one's pleasure*	30	hace (hacer) caso *to pay attention*
18	intentó (intentar) *to attempt,*	32	un cuerno *at all*
	to try		

donde la gente se preocupe de la gente. ¡Sí!, tiene que haberlo. Seguiré buscando...

III

Se podía decir que más que una ciudad, aquello parecía un pueblo. Fachadas limpias y calles también. El ruido indispensable
5 en los aparatos de cuatro ruedas y el pasear pausado de las gentes le daban un aspecto de tranquilidad y paz que ilusionó a Fernando.

Siguiendo el ritmo general, paseó por las avenidas, parques y jardines, observando con alegría que todo aquí transcurría normal: ni mucha tristeza, ni excesiva alegría, sino ambas cosas dosificadas.
10 A medida que caminaba pensaba que por fin había encontrado el término medio, pero escarmentado de las veces anteriores, le exigió a su imaginación que no corriera demasiado. Así que, para comprobar si efectivamente en esta ciudad estaba lo que buscaba, se dispuso a efectuar el recorrido de rigor.
15 Por las calles daba gusto andar porque los coches se paraban para que pasaran los peatones, hubiera o no semáforos. En el parque los niños jugaban divirtiéndose, pero sin alborotar en exceso. Las madres conversaban entre sí con una leve sonrisa de comprensión en sus labios hacia la que en aquel momento hablaba.
20 En el bar se oía un murmullo como de misa de domingo mezclado con un tono repetido de tazas que se ponen y se quitan, de cafeteras con vapor, y de cucharillas en los platos. Se notaba calor humano en la atmósfera. Fernando pidió un café, pues había observado a sus vecinos y ninguno tomaba alcohol. El camarero le aten-
25 dió gentilmente, como si el gasto que hacía del café supusiera un gran favor económico para el local.

Siguió observando en el bar, pretendiendo encontrarle algún defecto. Usted es nuevo aquí, ¿verdad... ¿Cómo? ¡Ah, sí, perdone, estaba distraído! Sí, efectivamente hace poco tiempo que estoy en
30 esta ciudad.

Y así de ese modo tan sencillo, se inició la conversación entre Fernando y un señor que no pasaría cuarenta años, o quizá tuviera menos, pero la expresión de hombre feliz en su rostro le confería madurez. Era nacido allí y hablaba de sus convecinos como si

9	dosificadas *well proportioned*	14	recorrido *trip*
10	A medida que *while*	18	entre sí *among themselves*
11	término medio *compromise, average*	27	pretendiendo (pretender) *to try, to intend*
	escarmentado *having learned by experience*	34	madurez *maturity*

se tratasen de familiares. Era interesante oírlo; parecía la imagen de un buen sacerdote en su púlpito, dispuesto a disculpar los defectos y realizar las virtudes de sus feligreses. Se acercaron a una mesa; en ella un grupo disertaba tranquilamente al ritmo del humo de
5 sus pipas. Fue acogido cordialmente e integrado rápidamente en el grupo, como si se tratase de la cosa más normal del mundo el que un extraño compartiese su sociedad. Se habló de trabajo de organización interior, predominando el tema de la familia. Pero para nada se nombró la situación exterior, y cuando Fernando insinuó
10 algo relacionado con ella, respondieron, amablemente, que no podían hablar de un lugar y de un problema que no conocían. Para ellos lo importante era vivir en paz y comunidad con sus vecinos más próximos, ya que lo que no les concernía no podían ni debían arreglarlo ellos. Era una tontería perder el tiempo en hablar
15 de esas cosas.

Fernando se dijo que llevaban razón y recordó las reuniones de sus amigos, en las que cuando se hablaba de política todos eran unos entendidos a la hora de arreglar el mundo. Pero no se pasaba de ahí, de hablar... y se olvidaban de otros problemas más impor-
20 tantes, como los de arreglar las situaciones de ellos mismos y que exigían una solución más inmediata.

Se encontraba bien pero a la vez un poco acomplejado ante la sabiduría que demostraban aquellos seres. Pasó un largo rato con ellos. Al final quedaron amigos y con la invitación de acudir a su
25 mesa cuando lo deseara. Fernando se iba animando poco a poco, pero aún permanecía a la espectativa, como el perro apaleado, que huye cuando ve algo relacionado con el objeto de sus desdichas. Mujeres jóvenes, no parecían haber muchas por las calles; y como consideró que para un día ya estaba suficientemente documentado,
30 se dirigió a la pensión donde se hospedó al llegar, pensando en ver la televisión un rato y acostarse.

Pero en aquella casa no había televisión. Según la señora de la pensión, este aparato restaba mucho a la comunicación familiar y

---

1 se tratasen (tratarse) de *to be a matter of*
2 sacerdote *priest*
  disculpar *to excuse*
3 feligreses *parishioners*
5 acogido (acoger) *welcomed, received*
7 compartiese (compartir) *to share*
14 tontería *foolish act, foolishness*
22 a la vez *at the same time*

22 acomplejado *perplexed, mystified*
23 sabiduría *wisdom*
26 a la espectativa *on the lookout*
  perro apaleado *beaten dog*
27 desdichas *misfortunes, miseries*
30 se hospedó (hopedarse) *to lodge, to stay*
33 restaba (restar) *to deduct, to take away*

perjudicaba la educación de los niños. También en eso llevaba razón, pensó Fernando y se dirigió a la cama.

Se sentía como si después de haber sufrido una tempestad en un barco, hubiese encontrado una balsa, movida sólo levemente por la corriente marina. Sí, le gustaba aquel lugar en el que se preocupaban unos por otros, donde nadie se mostraba hostil ni exageradamente acogedor, donde todo transcurría por unos cauces de normalidad realmente confortantes.

Durmió bien esa noche. Por la mañana el desayuno con la leche humeante y la sonrisa de la patrona, recordó el lugar donde se hallaba.

En el trabajo, todos aceptaron alegremente su llegada, le indicaron su cometido y se dedicaron a cumplir el suyo. De vez en cuando paraban unos breves minutos, se fumaban un cigarrillo y se preguntaban por sus problemas, que, al parecer de Fernando, no eran muchos. Pero lo que más le asombraba es que cuando hablaba uno, los demás callaban, respetando así al protagonista del momento.

Se daban buenos consejos entre sí y no trabajaban con demasiada prisa, sino tranquilamente, como realizaban todo lo demás de su vida cotidiana. Según ellos, el trabajo era muy bueno para el hombre, pero la agonía en el mismo resultaba muy perjudicial para su salud física y mental. Llevan razón, se dijo, llevan toda la razón.

Varios días estuvo comprobando lo razonables que eran en todo lo que hacían o decían. Pero, ¡ay!, el hombre no soporta vivir mucho tiempo entre tanta perfección y Fernando se cansó de comprobar lo imperfecto que era él al lado de esa gente. Bien es verdad que ninguno se lo señaló especialmente, pero es muy difícil no poder comprobar que alguien tiene los mismos defectos que nosotros, para consolarnos.

Tampoco había encontrado una chica que no fuese perfecta para hacer de compañera suya, una mujer que él pudiese amar por sus defectos y virtudes, todo unido, y Fernando se aburrió, llegando a aborrecerse a sí mismo por no poder corresponder con su persona al buen hacer y decir de los que le rodeaban.

Se daba cuenta de que tenía un poquitín de envidioso y mucho

1	perjudicaba (perjudicar) *to harm, to impair*		15	al parecer de *semingly, to all appearance*
4	barco *boat*		21	cotidiana *daily, everyday*
	balsa *raft*		27	comprobar *to verify*
7	cauces *channels*			

de inconstante para adaptarse sin un soberano esfuerzo a la tónica general.

Estaba cansado de recorrer el mundo, para al fin no encontrar su meta. No podía luchar más contra él mismo.

5 Regresaré a mi casa, se confesó abatido, al menos allí nadie me exige nada de lo que no pueda dar, porque ellos tampoco pueden hacerlo. Me duele volver vencido, pero no puedo seguir destruyéndome yendo de un sitio a otro sin encontrar nada. Moriré poco a poco allí donde nací, entre la gente que me quiere como soy
10 y no como pretendo ser.

—¡Hijo mío! —¿Dónde has estado? Te hemos estado esperando mucho tiempo, ya pensábamos con tristeza que no volverías más.

—He estado lejos, muy lejos... madre, y en muchos lugares,
15 pero lo que fui a buscar no lo encontré y por eso he vuelto, a vuestro hogar.

—Que también es el tuyo, hijo. Esta casa no era la misma sin ti; yo parecía muerta, y tu padre, y tus hermanos... Tus amigos venían muchas veces para ver si teníamos noticias tuyas, diciéndonos
20 que eras feliz por lo menos.

—No, mamá, no he sido feliz, pero creo que porque estaba equivocado lo he comprendido ahora, al veros. No se puede ser dichoso en un lugar en el que no te une más que el presente, porque aunque éste es muy importante, no vale gran cosa si no puede com-
25 pararse con su pasado, que es el que nos hace amar con más fuerza este presente.

—Estaba equivocado porque buscando la «gran cosa» olvidé las «pequeñitas» que, sin hacer tanto ruido, van metiéndose dentro de uno. Ya no iré más a buscar fuera lo que puedo encontrar dentro.
30 Y Fernando siguió viendo la televisión, oyendo hablar de fútbol y maldiciendo los semáforos... Siguió oyendo y diciendo tonterías, pero en el fondo consciente ahora de que había algo que le unía a los demás: su pasado, su presente, y... ¿por qué no?, su futuro también.

1	soberano esfuerzo *supreme effort*	23	dichoso *happy*
4	meta *goal*	27	Estaba (estar) equivocado *to be wrong*
5	abatido *downcast*		
7	vencido *defeated*	31	maldiciendo (maldecir) *to curse, swear*
20	por lo menos *at least*		

EJERCICIOS

A. Cuestionario

1. ¿De qué humor se encontraba Fernando todos los días?
2. ¿Por qué no le gustaba a Fernando su vida cotidiana?
3. ¿Qué clase de lugar decidió buscar Fernando?
4. Al principio, ¿qué impresiones tenía Fernando de la primera ciudad que visitó?
5. ¿Cómo le parecía la gente de la primera ciudad?
6. ¿Por qué decidió Fernando buscar otra ciudad en que vivir?
7. ¿Cómo era la segunda ciudad diferente de la primera?
8. ¿Cómo era la gente de la segunda ciudad?
9. ¿Por qué decidió Fernando no dormir la primera noche?
10. ¿Qué gran defecto vio Fernando en la segunda ciudad y en su gente?
11. ¿Qué impresión tenía Fernando al llegar a la tercera ciudad?
12. ¿Cómo lo trataba la gente de la tercera ciudad?
13. A la gente de la tercera ciudad, ¿qué le importaba más que nada?
14. ¿Por qué no había televisión en la pensión en que se hospedaba?
15. ¿Por qué decidió Fernando que sería imposible vivir entre la gente de la tercera ciudad aunque era amable y acogedora?
16. Al fin del cuento, ¿qué decidió hacer Fernando? ¿Por qué?
17. ¿Por qué prefería más a la gente de su propio pueblo?
18. ¿Cómo lo recibió en casa su madre?
19. ¿Qué explicaciones le dio Fernando a su madre de haber vuelto a casa?
20. ¿Qué había aprendido Fernando de sus viajes?

B. Correcto — Incorrecto

1. Fernando se divirtió mucho en su pueblo.
2. A Fernando le gustaba mucho conducir su coche en el pueblo.
3. Fernando buscaba una ciudad en que la gente tuviera interés en muchas cosas distintas.
4. En la primera ciudad los parques estaban llenos de niños y madres.
5. En el cine a Fernando no le gustó la película y salió antes de la terminación.
6. Le gustaba la segunda ciudad porque había gran variedad en ella.
7. En la segunda ciudad estaban todos dispuestos a ayudar a los otros con sus problemas.

8. La gente de la segunda ciudad sólo pensaba en los aspectos serios de la vida.
9. En la tercera ciudad, toda la gente le parecía perfecta a Fernando.
10. Fernando aprendió que en casa nadie espera demasiado de sus amigos.

C. Eliminación

Elimine Ud. la palabra que no pertenece al grupo.

1. bar, peatones, mesa, camarero
2. disfrutar, queja, mal humor, disgusto
3. película, pelota, asiento, entrada
4. parque, banco, aceras, chiste
5. álamo, palmera, rosa, eucalipto

D. Selección de la Palabra Correcta

Escoja Ud. la palabra de la columna B que corresponde a una palabra de la columna A.

	A		B
1.	ruido	a.	feliz
2.	vivo	b.	alboroto
3.	alegre	c.	desalentado
4.	agotado	d.	animado
5.	paz	e.	tranquilidad

E. Traducción

Traduzca Ud. los pasajes siguientes al inglés.

1. «Realmente, esto no es vivir, se decía Fernando, esto es gastarse poco a poco la existencia de la forma más monótona. ¡Si pudiera encontrar un lugar diferente! Sí, un lugar donde la gente no tuviera prisa, donde existiesen personas que pensaran en algo más que fútbol y chicas, donde sólo se trabajara una parte del día...»

2. «Fernando, un poco extrañado de tantas variedades, pensó que al menos esta ciudad parecía alegre. Daba la impresión de hallarse en una fiesta continua. Todo el mundo paseaba por las calles riendo e incluso cantando. Los niños jugaban a la pelota y las niñas a la rueda.»

3. «Regresaré a mi casa, se confesó abatido, al menos allí nadie me
    exige nada de lo que no pueda dar, porque ellos tampoco pueden
    hacerlo. Me duele volver vencido, pero no puedo seguir destru-
    yéndome yendo de un sitio a otro sin encontrar nada. Moriré poco
    a poco allí donde nací, entre la gente que me quiere como soy y
    no como pretendo ser.»

F.   Composición y Discusión

1. Los problemas de una ciudad; (lo bueno)
2. Vivir en una ciudad extranjera
3. El mejor lugar para mí

ÁNGEL CARLOS DE **L**ERA

Ángel Carlos de Lera nació en Madrid en 1951. Realizó sus estudios primarios en el Liceo Italiano de Madrid, lo que le dio la oportunidad de estudiar los clásicos literarios en toda su gama. En 1970 se matriculó en la Escuela de Ingeniería Industrial de Madrid, cuyos estudios abandonó dos años más tarde para estudiar Periodismo donde se licenciará en el año 1977. Durante el verano de 1973 disfrutó de una beca para ampliar estudios en Televisión Española. Ha viajado por diversos países del telón de acero y por varios del sur de Europa y ha residido por algún tiempo en México e Inglaterra.

El Sr. de Lera ha colaborado en los diarios Pueblo e Informaciones *y en el Radio Nacional de España. También ha contribuido con cuentos y poesías en varios periódicos y revistas. En la actualidad está colaborando en la* Revista Gaceta Ilustrada *y está preparando una colección de cuentos cortos para una editorial española.*

Juan Nadamás

El hombre camina por un campo solitario, a la luz vacilante y sucia del crepúsculo. Parece que va sin rumbo.

—¡Juan! ¡Juan Nadamás! —grita una voz que sale de todos los confines y le acorrala.

5   El hombre se detiene y mira en derredor. No ve a nadie y sigue andando. Por el horizonte asoma tímidamente media luna pálida.

—¡Juan! ¡Juan!

Se detiene de nuevo. Está rodeado de silencio y de vacío. No 10 hay en torno suyo ni un árbol ni una flor. Los pájaros ya se han dormido. La tierra es oscura, casi negra, y el cielo, como un mar donde se persiguen olas cada vez más grises. Juan es joven, de rostro sombrío y de mirada absorta. La brisa le despeina el cabello y le ondula la corbata.

15   —¡Juan! ¡Juan Nadamás!

La voz es insinuante y, a la vez dominadora, y arrancada de un solo punto, como si quisiera atraer hacia allí la atención de Juan Nadamás.

—¡Juan! ¡Juan!

20   Y Juan se encamina hacia la voz. Al principio, con pasos lentos y vacilantes; luego, con pasos seguros y rápidos, y, finalmente, corriendo frenéticamente. De cuando en cuando tropieza. A veces cae. Pero se levanta siempre para correr con más brío. Corre como si fuera en busca de su salvación, como si en ello le fuera la vida.

25 Sesga las sombras que le salen al paso y deja tras de sí un remolino

2 crepúsculo *twilight*
  rumbo *direction*
4 confines *boundaries, borders*
  acorrala (acorralar) *to corner*
5 en derredor *around*
6 asoma (asomar) *to begin to appear*
10 en torno suyo *around him*
12 olas *waves*
13 despeina (despeinar) *to muss one's hair*

14 ondula (ondular) *to make waves*
16 arrancada *drawn from*
22 de cuando en cuando *from time to time*
  tropieza (tropezar) *to trip*
23 brío *spirit*
25 Sesga (sesgar) *to slant away from*
  tras de sí *behind himself*
  remolino de velos rasgados *whirlwind of torn veils*

de velos rasgados como cuando el viento zarandea las cortinas de una ventana. Hasta que se detiene, jadeante, al pie de una colina.

—¡Juan! ¡Juan Nadamás! —insiste la voz.

Juan intenta ahondar en las tinieblas con sus ojos para des-
5 cubrir el origen de la voz, porque la voz suena cada vez más cerca, y cada vez más cariñosa, más atrayente, más irresistible.

—¡Juan! ¡Juan!

Juan la oye tan cerca, que se estremece. Parece brotar de sus pies y saltar delante de él.

10 —¿Quién me llama? —quiere gritar, pero no puede, porque la voz corre ya hacia lo alto de la loma, exigente, perentoria:

—¡Juan, Juan, Juan, Juan...!

Como un eco repetido a ritmo creciente.

Y Juan emprende carrera hacia la cumbre de la colina. Furioso.
15 Desesperado. Pierde un zapato. Cae repetidas veces, pero la sangre le golpea como un látigo y le obliga a seguir. No importa que el sudor chorree por su rostro. No importa que su corazón amenace con saltar en pedazos. El pavor, la angustia y el misterio tiran de él irresistiblemente. Al fin, trepando a gatas, corona la colina. Pero
20 no puede más y cae desplomado, exhausto. Le sangran las manos. Respira con la boca abierta, como si todo el aire del campo fuera insuficiente para llenar sus pulmones.

—¡Juan, Juan, Juan, Juan...!

¡La voz! Juan levanta los ojos y percibe un puntito de luz en
25 medio del valle.

—¡Juan! ¡Juan Nadamás!

La voz es como si un estilete le atravesara el cerebro. Le produce un dolor insoportable. Y Juan se levanta. Con el rostro desen-
cajado, dando traspiés y con la mirada extraviada, desciende lenta-
30 mente, penosamente, inconscientemente, por la ladera, mientras que, frente a él, la luz va tomando cuerpo y haciéndose paulatinamente más clara e incisiva.

1	zarandea (zarandear) *to stir*	17	amenace (amenazar) *to threaten*
2	jadeante *panting*		
	colina *hill*	19	trepando (trepar) a gatas *to crawl on all fours*
4	ahondar *to penetrate*		
	tinieblas *darkness*	20	desplomado *flat on the ground*
8	brotar *to gush, to flow from*	22	pulmones *lungs*
11	perentoria *urgent*	27	estilete *dagger*
14	emprende (emprender) *to undertake*		atravesar *to pierce*
		28	desencajado *contorted*
	cumbre *top, summit, peak*	29	dando (dar) traspiés *to stumble*
16	látigo *whip*		extraviada *wandering, lost*
17	chorree (chorrear) *to gush, to pour*	31	paulatinamente *little by little*

La voz aumenta su volumen, y Juan ya no es un hombre, sino
una máquina que avanza por inercia, hasta que la voz que lo atrae se
identifica. Es una hoguera, por cuyo haz luminoso se balancea una
shadow sombra, un péndulo. Poco a poco, según se va acercando, Juan ve
5 cómo se delinean los contornos del péndulo. Es un bulto que oscila
en un vaivén sin fin.

Juan sigue acercándose, y el bulto, definiéndose más y más,
hasta cobrar forma humana. Entonces, Juan se detiene a contemplarlo. Se trata de un hombre joven. Tiene la cara convulsionada
10 por una horrible mueca; el cuello, inclinado sobre un hombro. La
lengua, monstruosamente hinchada, asoma como un pedazo de entraña, por su boca entreabierta. Y los ojos, desorbitados, aún con-
servan en sus pupilas el deseo de ver en el último instante lo que
nunca se ofreció a su mirada...
Pick up 15 Juan coge sus manos, todavía calientes, y las acaricia. Son *caresses*
unas manos suaves, sin durezas. Luego ve que asoma un papel por *sticks out*
el borde de uno de los bolsillos de su chaqueta. Duda, pero la curiosidad puede en él más que el respeto, y tira del papel. Es un sobre
cerrado. Su curiosidad es ya incontenible, y abre el sobre. Dentro
20 de él hay una cuartilla escrita a mano.

La letra es redonda, clara, sin temblores. Y Juan la lee a la
luz de la hoguera:

«Señor Juez: No se culpe a nadie de mi muerte. Nací en una
familia normal y corriente, como muchas otras, donde me enseñaron
25 a amar y buscar la verdad, pero advertí muy pronto que la verdad
que yo buscaba no estaba en el mundo.

Entonces me refugié en los libros. Cuanto sé y pienso me lo
enseñaron ellos: Amor a la libertad, a la justicia, a la solidaridad
entre los hombres, la compasión, la amistad y la benevolencia. Creí,
30 los libros me hicieron creerlo, que sería posible cambiar el mundo y
hacerlo más amable y más justo, o sea, transfundir a los hombres,
a la vida, las hermosas ideas de los libros. Y me enfrenté con el
mundo, con la vida, con los hombres. Y aprendí una lección que no
estaba en los libros, y es la que el mundo es todo lo contrario de lo
35 que yo deseaba por culpa de algunos hombres egoístas, tiránicos,

3	hoguera *bonfire*		12	entreabierta *half-open*
	haz *beam, face*			desorbitados *bulging*
5	contornos *outline*		17	chaqueta *jacket*
6	vaivén *wavering, unsteadiness*		20	cuartilla *small piece of paper*
10	mueca *grimace*		21	redonda *round*
	hombro *shoulder*		31	transfundir *to communicate*
11	hinchada *swollen*		32	me enfrenté (enfrentarse) *to*
	pedazo de entraña *piece of intestine*			*confront, to face*

crueles; y por culpa de los demás, cobardes, pusilánimes, egoístas también a su modo, con un egoísmo pequeño, sórdido, mezquino. Se discrimina por la raza, por el color, por la religión... Se explota al débil y se persigue, se tortura y se mata al vencido. No hay pie-
5   dad. Sólo fuerza bruta. El mundo está en manos de gorilas y asesinos.

Ser hombre, en resumidas cuentas, es peor que ser una bestia salvaje, porque cualquier animal tiene, al menos, instintos, y los hombres que dirigen al mundo, a los hombres, sólo tienen miedos
10 vengativos y pasiones viscerales. Por eso no hay lugar para mí en el mundo. Y me voy de él.

Confieso que me falta valor para quemarme vivo, como hacen los bonzos en el Vietnam, o para vivir a rastras, entre sudores y angustias de muerte, como viven tantos seres humanos en los in-
15 finitos campos de concentración repartidos por el mundo. Tampoco puedo ser verdugo. Ni víctima ni verdugo. Pido perdón por mi flaqueza. Pese a mi débil condición, sin embargo, pienso que mi muerte voluntaria, en lo que llaman la flor de la vida, pueda servir, al menos, como la protesta más vigorosa de un hombre contra la
20 tiranía de los hombres. Doy lo único que tengo...»

La lectura de la carta es para Juan Nadamás como el repaso de una vieja lección escolar, cien veces aprendida y otras tantas olvidada. Recordar algo muy sabido. Por eso lee con fruición, hasta que llega a su final y se tropieza con la firma. Entonces tiembla y
25 gime y se siente traspasado por un cuchillo de hielo. Porque la firma dice JUAN NADAMÁS.

2	mezquino *mean, stingy*	17	flaqueza *weakness*
4	débil *weak*		Pese a *in spite of*
	persigue (perseguir) *to pursue*	21	lectura *reading*
7	en resumidas cuentas *in short*	22	escolar (*pertaining to*) *school,*
12	quemar *to burn*		*scholastic*
13	bonzos *Buddhist monks*	24	firma *signature*
	a rastras *unwillingly, dragging*		tiembla (temblar) *to tremble*
	along	25	gime (gemir) *to groan*
15	repartidos *distributed*		traspasado *pierced*
16	verdugo *executioner, hangman*		cuchillo de hielo *knife of ice*

EJERCICIOS

A.   Cuestionario

1.   ¿Por dónde camina el hombre?
2.   ¿Durante qué parte del día tiene lugar el cuento?
3.   ¿Qué grito oye el hombre?

4. ¿Cómo se describe la escena?
5. ¿Para dónde corre Juan?
6. ¿Cómo corre Juan?
7. ¿Qué pierde Juan?
8. ¿Cómo respira Juan?
9. ¿Qué percibe Juan con los ojos?
10. ¿Qué forma toma la luz?
11. ¿Qué encuentra Juan en el bolsillo del hombre?
12. ¿Qué dice el papel?
13. ¿Por qué dice Juan que es mejor ser una bestia que un ser humano?
14. ¿Por qué tiembla y gime Juan después de leer la carta?
15. ¿Qué representa la lectura de la carta para Juan?

B. Correcto — Incorrecto

1. El cuento tiene lugar en la madrugada.
2. El narrador oye el grito de su subconsciencia.
3. Los pájaros cantan en los árboles.
4. Juan se encamina hacia la voz.
5. La voz suena cada vez más débil.
6. A Juan le es imposible llegar a la corona de la colina.
7. La luz va desapareciendo en la tiniebla.
8. Juan camina como una máquina hacia la voz.
9. Juan está demasiado cansado para leer la carta que encontró en el bolsillo del hombre.
10. Finalmente Juan se da cuenta de que la voz es de un joven.

C. Sinónimos

Escoja Ud. la palabra de la columna B que es un sinónimo de una palabra de la columna A.

A		B	
1.	crepúsculo	a.	en torno suyo
2.	flaqueza	b.	estremecerse
3.	en derredor	c.	tiniebla
4.	tropezar	d.	loma
5.	papel	e.	caer
6.	colina	f.	debilidad
7.	paulatinamente	g.	cuartilla
8.	temblar	h.	despacio

D. Antónimos

Escoja Ud. la palabra de la columna B que es un antónimo de una palabra de la columna A.

	A		B
1.	vacilante	a.	recordar
2.	compasión	b.	vencido
3.	olvidar	c.	frenético
4.	dominado	d.	con brío
5.	exhausto	e.	crueldad

E. Selección de la Palabra Correcta

Escoja Ud. la palabra más apropiada y escríbala en el espacio; cambie la palabra, cuando sea necesario, para concordar con el contexto.

sórdido   en derredor
hoguera   verdugo
vaivén   mueca
cariñoso

1. Enrique tiene padres muy _____.
2. Se nota una _____ de dolor en el rostro.
3. El _____ preparó la guillotina para la ejecución del hombre condenado.
4. Encendieron la _____ para celebrar la fiesta.
5. Los pobres vivían en condiciones _____.

F. Traducción

Traduzca Ud. los pasajes siguientes al inglés.

1. «De cuando en cuando tropieza. A veces cae. Pero se levanta siempre para correr con más brío. Corre como si fuera en busca de su salvación, como si en ello le fuera la vida».

2. «Juan sigue acercándose, y el bulto, definiéndose más y más, hasta cobrar forma humana. Entonces, Juan se detiene a contemplarlo. Se trata de un hombre joven».

3. «Entonces me refugié en los libros. Cuanto sé y pienso me lo enseñaron ellos: Amor a la libertad, a la justicia, a la solidaridad entre los hombres, la compasión, la amistad y la benevolencia».

G. Composición y Discusión

1. Las ventajas y desventajas de civilizarse
2. Ser hombre es peor que ser una bestia salvaje
3. El significado de mi nombre

MARÍA MANUELA
DOLÓN

María Manuela Dolón empezó a escribir a la edad de doce años y publicó su primer cuento a los veintidós años. A continuación empezó ya a publicar en revistas como Siluetas, que le premió un cuento en un concurso convocado por dicha revista, La Estafeta Literaria, Blanco y Negro, donde un cuento fue traducido al holandés y publicado posteriormente en una revista de aquel país, Galerías, Lecturas, y además en revistas como Mujer, Ella, Ilustración Femenina y Dunia (de reciente publicación). En periódicos ha publicado en Arriba, en Diario Regional de Valladolid y en El Faro de Ceuta, donde le premiaron un cuento en el año 1965.

Premios a más del de Siluetas y el del Faro de Ceuta incluyen el primer premio de Cuentos Villa de Paterna, 1973; Hucha de Plata concedida por la Confederación de Cajas de Ahorros, 1972; Premio Paz en la Tierra convocado por la Delegación del Ministerio de Información y Turismo de Salamanca; Premio Especial Galletas Río; Copa de Plata concedida por la Peña Malaguista, de Málaga.

También María Manuela Dolón tiene accésit en el Premio Gabriel Miró de Alicante, muchas Menciones Honoríficas y ha sido seleccionada varias veces entre los finalistas de varios Concursos de Cuentos. Con libros de cuentos ha quedado finalista en varios concursos, el último en el Armengot, de Castellón.

Noche de fuga

—l teléfono, señor Maurí.

Jorge Maurí se levantó, aplastó su cigarrillo contra el cenicero y lentamente se dirigió al teléfono.

—¿Qué hay? —preguntó.

—Soy yo, Jorge —se oyó una voz de mujer al otro lado del hilo—. Todo me ha salido perfectamente. Estoy fuera de casa. En una cantina que hay en la carretera, ¿sabes cuál es?

—Sí, sí, ya sé —respondió él.

—¿Te espero entonces aquí mismo, Jorge? —inquirió la mujer. Jorge Maurí consultó su reloj.

—Sí, espérame ahí. Dentro de diez minutos estaré por ti.

La mujer también debió mirar su reloj porque le advirtió en tono preocupado:

—Ya ha dado la primera pitada del barco, Jorge. Así es que tenemos el tiempo justo.

—Sí, ya lo sé. Te digo que dentro de diez minutos estoy ahí —volvió a repetir impacientándose.

Colgó. Abrió su pitillera y sacó un cigarrillo. Al encenderlo notó que la mano le temblaba un poco. ¡Pardiez! —se dijo malhumorado. No sabía él que el hecho de huir con una mujer le fuera a poner tan nervioso. Dio unas cuantas chupadas al cigarro y despacio, tratando de disimular el nerviosismo que experimentaba, se fue acercando a la mesa de sus amigos.

—Chicos, os voy a tener que dejar —dijo queriendo parecer natural y empezando a recoger ya su gabardina.

—¿Qué te vas? —le interrogó uno de los amigos, mirándole sorprendido.

—¡Tú estás loco! Tú te tienes que quedar otra ronda.

2	aplastó (aplastar) *to crush*	19	pitillera *cigarette case*
3	cenicero *ash tray*	20	¡Pardiez! *for God's sake!*
8	carretera *highway*	22	chupadas *puffs*
15	pitada *toot, whistle*	26	gabardina *raincoat*

—Imposible. Tengo muchísima prisa.

—¡Ni prisa ni nada! —exclamó otro, cogiéndole la gabardina y escondiéndosela.

Otro le sentaba a la fuerza mientras le decía:

5 —Tú te quedas a beber otra copa. ¡Pues estaría bueno...!

¿Pero es que queréis que pierda la cita que tengo? —se defendía él, aunque débilmente.

—¿Cita con una mujer? —le preguntó uno de ellos. ¡Estupendo! —gritó alborozado. Eso es lo bueno, hacerlas esperar. Eso, 10 además, hará la aventura muchísimo más interesante— agregó riéndose estrepitosamente.

Jorge Maurí volvió a mirar su reloj.

—No, no puedo, de verdad, quedarme —aseguró apurado.

—Tú te quedas. Al menos hasta que te tomes otra copa.

15 Y le obligaron a beber. El se resistió al principio. Sabía que no debía beber. Que debía conservar la cabeza lúcida y serena. Pero por otra parte sabía también que le vendría bien beber. Sentía una lasitud, una flojedad que le impedía moverse y reaccionar. Era como si en el fondo, inconscientemente, tratara de demorar lo más 20 posible lo que iba a hacer. Como un extraño temor a llevarlo a cabo, a llegar hasta el final. Y eso sólo se quitaba bebiendo. Y bebió hasta que la sirena de un barco le hizo incorporarse sobresaltado, como si despertara de pronto de un sueño.

Cuando salió de allí tenía los ojos turbios y se tambaleaba lige-25 ramente sobre sus pies. Pero se metió precipitadamente en su coche y cogiendo el volante con una especie de furia, enfiló la negra carretera a la máxima velocidad.

La muchacha salió de la cabina telefónica y pasó la vista con inquietud alrededor suyo. No, no había nadie conocido. Las gentes 30 de su mundo no frecuentaban estos lugares. En aquel momento se hallaba la cantina casi vacía. Unos marineros en una mesa y dos hombres más bebiendo en el mostrador. Iban mal trajeados y parecían obreros. Respiró. Y mirando su reloj, fue a sentarse en un rin-

3	escondiéndosela (esconder) *to hide, to conceal*	22	sobresaltado *startled, shocked*
8	Cita *date, appointment*	24	turbios *cloudy, confused*
10	agregó (agregar) *to add*		tambaleaba (tambalearse) *to stagger*
11	estrepitosamente *boisterously*	25	precipitadamente *hastily*
13	apurado *hurriedly*	26	enfiló (enfilar) *to follow*
18	flojedad *laziness*	29	inquietud *restlessness*
19	en el fondo *deep down*	32	mostrador *counter*
	demorar *to delay*		mal trajeados *badly dressed*
20	llevarlo a cabo *to carry it out*	33	obreros *laborers*
22	incorporarse *to sit up*		

cón, dispuesta a esperar los diez minutos que él le dijera. Pidió un café, que bebió lentamente, a pequeños sorbos, saboreándolo aunque no estaba nada bueno. Después sacó una polvera de su bolso y se retocó el rostro, que lo tenía muy pálido. Se pintó los labios...

5   Hasta ahora —pensó— todo le había salido bien. Había logrado escapar de casa sin que nadie la viera, sin que nadie la oyera. Al día siguiente sería el escándalo. Al día siguiente toda la ciudad hablaría de ella. Ella, una muchacha tan seria, tan formal, tan decente, fugarse con el gamberro y millonario Jorge Maurí... Pero

10 mañana, cuando todos se enteraran, ella estaría ya lejos, en alta mar, con Jorge, rumbo a países desconocidos, hacia un mundo nuevo y extraño que nunca había imaginado.

    Sonrió a su pesar. ¡Menudo campanazo! Bueno ¿y qué? Ella quería a Jorge, y Jorge no podía o no quería casarse de momento

15 con ella. Tenían, pues, que huir a otros sitios donde la gente no se asustara de aquel amor. Lo único que le dolía era dejar a sus padres. Le apenaba enormemente el disgusto que les iba a dar. Pero era necesario. No podía evitarlo sin perder a Jorge. Y Jorge para ella significaba todo en su vida. Le amaba de tal manera, estaba tan

20 firme y resuelta a seguirle aunque fuera al fin del mundo, que lo haría aunque supiera fijamente que después le aguardarían las penas más terribles, la muerte más horrenda. Con él a su lado no le asustaba nada. Nada ya le podría hacer retroceder.

    De pronto oyó la segunda pitada del barco y bruscamente se

25 puso en pie. Habían pasado ya los diez minutos que él le dijo. «¿Le habrá ocurrido algo? —pensó alarmada—. ¡Es tan loco conduciendo...! ¿O...» no se atrevió a concluir su pensamiento. No, no podía ser que él se hubiera arrepentido.

    Pagó su café y salió. El hombre que despachaba tras el mostra-

30 dor la vió salir, moviendo la cabeza en señal de admiración. Afuera hacía frío y había niebla. Se abrochó la mujer el abrigo, subiéndose el cuello hasta arriba, mientras empezaba a andar por la solitaria

2	sorbos *sips*	20	resuelta *resolved, decided*
	saboreándolo (saborear) *to savor*	21	fijamente *assuredly*
3	polvera *compact*	28	se hubiera arrepentido
9	fugarse *to flee, to run away*		(arrepentirse) *to change one's*
	gamberro *libertine*		*mind*
11	rumbo a *in the direction of*	29	despachaba (despachar) *to wait*
13	a su pesar *in spite of herself*		*on customers*
	¡Menudo campanazo! *what a*	31	Se abrochó (abrocharse) *to fasten*
	scandal	32	hasta arriba *up, upwards*
15	se asustara (asustarse) *to be*		
	frightened		

carretera en la dirección que él tenía que venir. No se veía nada.
Ni una luz siquiera en la oscuridad total que la rodeaba. Advirtió
de pronto que las piernas le temblaban. Y no sabía si era de frío,
del miedo a que le hubiera ocurrido algo o se hubiera arrepentido.
5 O acaso, tal vez, temor ante el paso que iba a dar. No, no lo sabía.
Sólo sabía que por primera vez en la aventura estaba nerviosa.

Siguió andando mucho rato. Hasta que le pareció distinguir a
lo lejos, entre la niebla, como una luz que se acercaba. Y respiró
tranquilizada. ¡Sería él sin duda! Y esperó ansiosa, con el corazón
10 latiéndole anhelante. Pero tan oscura la noche, tan espesa la niebla
y cegada además por los faros del coche que raudamente se iba
acercando, no podía precisar ella si se trataba de él. No obstante,
empezó a agitar un brazo a la vez que se acercaba hacia el centro
de la carretera, mientras una sonrisa de felicidad flotaba en sus
15 labios.

Y fue entonces cuando lúgubre, lejana, como envuelta en
bruma, se oyó la tercera pitada del barco.

Jorge Maurí no dejaba de apretar el acelerador. Cada momento miraba el reloj, mordiéndose los labios nerviosamente. Era
20 espantoso lo rápido que corría el reloj y lo despacio que debía de ir
su coche. Le parecía que no avanzaba nada o que aquella carretera
era siempre igual, interminable, como si no tuviera fin. Y con furia,
frenéticamente, apretaba más y más el acelerador.

De repente le pareció ver como un bulto en medio de la carre-
25 tera. «¡Pues solamente faltaba eso —exclamó contrariado—, que
algo se interponga en mi camino!».

Pero Jorge Maurí no aminoró la marcha. No podía, en realidad, aminorarla aunque hubiera querido. Y siguió conduciendo
sin variar la velocidad, derecho hacia aquello que parecía moverse
30 en medio del camino. En aquel momento sonó la sirena de un barco,
pero Jorge Maurí no la oyó. Lo que oyó fue un grito terrible que
retumbó en la noche, a la vez que sentía cómo las ruedas de su
coche pasaban sobre algo. Todo fue rápido y al mismo tiempo.

10	anhelante *yearning, gasping*	24	de repente *suddenly*
	espesa *thick*	25	Pues, solamente faltaba eso *Well,*
11	cegada *blinded*		*that's just what I needed*
	faros *headlights*		que algo se interponga en mi
	raudamente *swiftly*		camino *that something should*
12	precisar *to determine with*		*get in my way*
	precision	27	aminoró (aminorar) *to diminish*
16	envuelta en bruma *wrapped in fog*	32	retumbó (retumbar) *to resound*
18	apretar *to press*		ruedas *wheels*
19	mordiéndose (morder) *to bite*		

«¡Maldito sea!» exclamó él entre dientes, pero sin detenerse en su loca carrera, sin mirar hacia atrás.

Sólo se detuvo al llegar a la cantina. Allí se bajó apresuradamente y entró en el local mirando con ansiedad a todos lados. Al
5 no verla en seguida pensó: «¿Será posible que se haya vuelto atrás y me dé chasco...?»

No obstante aún se acercó al mostrador con alguna esperanza.

—Oiga —le dijo al tabernero—, ¿no ha estado aquí una señorita que ha utilizado el teléfono hace un rato?

10 —Sí —contestó el hombre—. Aquí ha estado una señorita pero se ha marchado ya. Hacia ese lado ha ido —añadió, señalando por donde él había venido.

—¿Por ese lado? —murmuró Jorge Maurí pensativamente.

Y luego, de golpe, abriendo los ojos horrorizado, volvió a
15 repetir:

—Pero... ¿por ese lado dice usted?

1	¡Maldito sea! *damn it!*		6	me dé (dar) chasco *she is playing a trick on me*
2	hacia atrás *behind*			
3	se bajó (bajar) apresuradamente *he got out quickly*		14	de golpe *all at once*

EJERCICIOS

A.   Cuestionario

1. ¿Quién fue la muchacha que llamó a Jorge Maurí? ¿Por qué lo llamó ella?
2. ¿Por qué se puso nervioso Jorge?
3. ¿Cuál fue la reacción de sus compañeros cuando Jorge les dijo que tenía que irse?
4. ¿Por qué decidió Jorge quedarse un rato más?
5. ¿Cómo se encontraba Jorge al salir de la taberna?
6. Mientras esperaba en la cantina, ¿qué pensaba la muchacha acerca de la reacción de su huída en su ciudad?
7. ¿Adónde pensaba ir la muchacha con Jorge Maurí?
8. ¿Por qué era necesario que los novios se escaparan?
9. ¿Cómo era el amor que tenía la muchacha por Jorge Maurí?
10. Cuando la muchacha salió de la cantina, ¿por qué tenía dificultades en ver?
11. ¿En qué parte de la carretera caminaba ella?
12. ¿Cómo conducía Jorge el automóvil?

13. Durante su carrera loca hacia la cantina, ¿qué ruido oyó Jorge de repente?
14. Al oír el terrible ruido, ¿por qué no se detuvo Jorge?
15. Al hablar con el tabernero, ¿qué supo Jorge Maurí?

B.   Correcto — Incorrecto

1. Jorge le contestó a la muchacha que llamó que no podía salir en seguida porque quería beber un poco más.
2. Los amigos de Jorge querían que él se quedara para tomar un poco más.
3. Jorge Maurí tenía algunas dudas en cuanto a su decisión de huir con la muchacha.
4. Jorge dejó de beber al ver el barco que llegaba.
5. La muchacha se encontró con unos conocidos allí en la cantina.
6. Los padres de la muchacha estarán contentos al día siguiente.
7. La decisión de huir era difícil para la muchacha porque no quería dejar a sus padres.
8. La muchacha pensaba que su amor por Jorge valía más que su propia vida.
9. La muchacha se preocupaba porque creía que era posible que Jorge hubiera decidido no escaparse con ella.
10. Al ver el bulto en el camino, Jorge empezó a conducir con más cuidado.

C.   Selección de la Palabra Correspondiente

Seleccione Ud. las palabras del grupo B que correspondan más con cada palabra del grupo A.

A	B
1. vacío	a. ir hacia arriba
2. millonario	b. rumbo a
3. barco	c. el que tiene riquezas
4. averiguar	d. luz del auto
5. subir	e. sin cosas o personas
6. carretera	f. lo que da mucho miedo
7. faro	g. vehículo que flota en el agua
8. hacia	h. algo que se lleva
9. gabardina	i. camino largo y ancho
10. espantoso	j. enterarse

D. Definiciones

Escoja Ud. la definición más aplicable.

1. Volante
   a. se usa para lavar el coche.
   b. se usa para dirigir el coche.
   c. se usa para detener el coche.

2. Labios
   a. se encuentran en el rostro.
   b. se encuentran en el brazo.
   c. se encuentran en las piernas.

3. Tabernero
   a. el que vende tabernas.
   b. el que vende ropas.
   c. el que vende bebidas alcohólicas.

4. Cenicero
   a. se usa para los cigarrillos.
   b. se usa para las copas.
   c. se usa para el teléfono.

5. Grito
   a. ruido suave.
   b. ruido alarmante.
   c. ruido calmante.

E. Traducción

Traduzca Ud. los pasajes siguientes al inglés.

1. «...Sabía que no debía beber. Que debía conservar la cabeza lúcida y serena. Pero por otra parte sabía también que le vendría bien beber. Sentía una lasitud, una flojedad que le impedía moverse y reaccionar. Era como si en el fondo, inconscientemente, tratara de demorar lo más posible lo que iba a hacer.»

2. «...Ella quería a Jorge, y Jorge no podía o no quería casarse de momento con ella. Tenían, pues, que huir a otros sitios donde la gente no se asustara de aquel amor.»

3. «Sólo se detuvo al llegar a la cantina. Allí se bajó apresuradamente y entró en el local mirando con ansiedad a todos lados. Al no verla en seguida pensó: ¿Será posible que se haya vuelto atrás y me dé chasco...?»

F. Composición y Discusión

1. Los problemas de fugas y casamientos
2. Las causas de los accidentes automovilísticos
3. Las cualidades de un buen esposo o una buena esposa

ALFONSO MARTÍNEZ

MENA

Alfonso Martínez-Mena nació en Alhama de Murcia, España. Estudió Derecho en Murcia y Salamanca, y el Doctorado en Madrid donde se graduó en la Escuela Oficial de Periodismo. Terminó también las carreras de Magisterio y Profesorado Mercantil. Ha sido redactor del diario «SP» y más tarde de la Revista «SP», realizando especialmente funciones de carácter cultural y literario. Colaborador de diversos periódicos y revistas de ámbito nacional, ejerce la crítica literaria en el diario «Pueblo», «La Estafeta Literaria», «Revista CAR», «Carta de España», etc.

En la actualidad el Sr. Martínez-Mena es abogado del Ilustre Colegio de Madrid y Director Técnico de la «Revista CAR». Sus libros publicados son: El espejo de Narciso *(accésit al Premio Doncel de Novela Juvenil),* El extraño *(relatos),* Conozco tu vida John *(novela),* Las alimañas *(novela),* Introito a la esperanza *(novela),* El címbalo estruendoso *(novela),* El arca de Noé *(novela), y* Las Mediatizaciones *(relatos), éste su última obra.*

El Sr. Martínez-Mena ha recibido numerosos galardones literarios y periodísticos, tales como «Premio Sésamo», «San Fernando», «Alhambra», «Rumbos», «Gabriel Miró», «Ciudad de Melilla», Internacional «Caja de Ahorros de León», etc.

Además de estos libros, sus relatos están incluidos en varias antologías nacionales y extranjeras, y tiene editados otros cuatro volúmenes con diferentes autores.

El hombre

—Estoy cansado, Juan.

Oscurecía. El cielo estaba gris plomizo. Seguramente presagiaba lluvia.

—Ya falta poco. Si quieres nos sentamos allí, bajo aquel árbol.

Lo hicieron. Ambos, instintivamente, se alzaron los cuellos de las chaquetas. Soplaba un vientecillo húmedo. Llovería.

Rebuscaron en sus bolsillos. Juan sacó un arrugado paquete de «Peninsulares». Al amparo de las manos encendieron.

—Esto acalla el estómago, ¿verdad? —dijo Juan. Y continuaron fumando en silencio.

Los coches cruzaban veloces hacia Madrid. También un autocar de la Iberia. Habían dejado atrás el puente y los estudios de la CEA.

—Hemos caminado todo el día juntos y estás cansado. No sé nada más de ti.

—Sí, nada más.

—¿Entonces?

—Entonces, ¿qué?

—Me gustaría saber. Dentro de poco nos separaremos. ¿Tienes adónde ir?

—No, Juan. Yo no voy nunca a ningún sitio. Cuando estoy cansado, me siento. Cuando no, camino.

—¿Y cuándo sientes hambre?

—Me la aguanto.

—Sí, pero... Tú no eres capaz de pedir limosna.

—No, no lo soy: robo. Una fruta a un árbol..., un huevo en una granja...: robo.

2	plomizo *lead-colored*	10	acalla (acallar) *to calm*
3	presagiaba (presagiar) *to foretell*	25	Me la aguanto (aguantar) *to endure*
6	se alzaron (alzar) los cuellos *to raise the collars*	26	pedir limosna *to beg for alms*
7	Soplaba (soplar) *to blow*	28	granja *farm*
9	amparo *shelter*		

—Es mejor pedir. Con un poco de vista... Hay ciertas personas que siempre dan algo. Lo importante es conocerlas. Lo sé por experiencia.

Juan se pasó la palma de la mano por su barba crecida. Se
5 tocó suavemente con los dedos la sien dolorida, cubierta por un pañuelo, y siguió hablando.

—¿Cómo te llamas, dime?

—¿Yo? ¡Para qué!

—Me gustaría saber a quién debo la vida. Si no llega a ser por
10 ti, me habría arrollado el tren. En estos momentos podría contarme entre los muertos. Caí en la misma curva de la vía. No me habría visto el maquinista a tiempo de frenar. Fue idiota el caerme por aquel terraplén.

—Menos mal que me viste. Parece mentira que estuvieras allí
15 precisamente, pero estabas.

—Tú quieres vivir, ¿no?

—¡Pues claro que quiero! Todo el mundo quiere vivir, aunque no sea muy decorosamente. Todo el mundo.

—Y ¿para qué?
20 —¡Cómo que para qué! No te entiendo. ¡Pues para vivir! ¿Acaso no es bastante?

Silencio. Continúan fumando los cigarrillos, ya muy disminuídos.

—No me has dicho cómo te llamas.
25 —Es lo mismo. Prefiero que no te acuerdes de mí.

Juan sigue fumando, aunque tiene que emplear una verdadera habilidad para sostener sin quemarse la colilla insignificante a que se ha reducido el cigarro. El otro lo ha tirado ya hace un poco.

—Eres un hombre raro. Me recoges, me curas la cabeza con
30 tu propio pañuelo y no quieres que sepa nada de ti. Ni siquiera tu nombre. Ni una palabra.

—Estoy cansado, Juan. No merece la pena.

—¡Pero yo sí te he dicho el mío...!

Difícilmente se ven ya las caras, porque se ha ido haciendo la
35 oscuridad rápidamente. En otoño las sombras aparecen casi de

4	barba crecida *long beard*	20	¡Cómo que para qué! *What do you mean, for what reason?*
10	habría arrollado (arrollar) *to sweep away*	27	quemarse la colilla *to burn the (cigarette) butt*
12	maquinista *engineer* frenar *to brake*	28	ha tirado (tirar) *to throw*
13	terraplén *embankment*	29	recoges (recoger) *to pick up*
14	Parece (parecer) mentira *to hardly seem possible*	32	merece (merecer) la pena *to be worthwhile*

pronto, inesperadamente. El hombre (vamos a llamarle el hombre) ni siquiera ha movido un músculo desde que se sentó apoyado en el árbol. Tan sólo el brazo para llevarse el cigarrillo a la boca.

—¿Todavía estás cansado? ¡Pues no es mucha la costumbre
5 que tienes...!

—Sí, amigo...

—¡Hombre! ¡Menos mal que me llamas amigo! Ya que no me dices tu nombre, es lo menos que puedo esperar. Cuando dos hombres fuman juntos, son amigos... Aunque uno no sepa cómo se llama
10 el otro.

—¿Qué hora es?

Los coches continúan surcando la carretera hacia la ciudad. Ahora con las luces encendidas, que ciegan cuando les dan en los ojos. Una de las veces, cuando ha preguntado la hora, un foco
15 iluminó completamente al hombre, y Juan lo observa. Está demudado, palidísimo. Con los ojos muy abiertos y temblándole el labio inferior.

—¿Tienes frío? —le pregunta.

—No sé.
20 —Tiemblas.

—¿Qué hora es?

—No tengo reloj, pero quizá sean alrededor de las siete y media o así.

—Yo tengo. Tómalo. Prefiero seguir con las manos bajo las
25 axilas... Creo que sí tengo frío, pero por dentro.

Juan le coge el reloj. Intenta descifrar la hora, pero no ve nada con tanta oscuridad. Pasa otro automóvil, y aprovecha la oportunidad.

—Son las siete.
30 —¿En punto...?

—Sí. Las siete justas.

Pasa un avión con las luces de situación bien visibles. Va a tomar tierra. Muy bajito ya. Hay un ruido ensordecedor durante unos largos instantes.
35 —Tienes un buen reloj, amigo.

Juan se ha dado cuenta de que el reloj es de oro y de bastante peso.

—No es malo, no.

1	inesperadamente *unexpectedly*	25	axilas *armpits*
12	surcando (surcar) *to furrow, to follow*	30	¿En punto? *Exactly, on the dot*
		32	luces de situación *landing lights*
15	demudado *changed of color*	33	ensordecedor *deafening*

Hay un silencio prolongado. Juan sigue sopesando el reloj, que conserva en la mano.

—¿Continúas cansado?

—Mucho. Tal vez dentro de un poco... Ya falta menos.

5   —¿Para qué?

Esta pregunta última la ha hecho instintivamente, automáticamente. La verdad es que no estaba pensando en ello. «Un reloj de oro... Esto vale lo suyo». «Si corriera no me podría alcanzar». «Yo creo que está enfermo...»

10   Juan le da vueltas en su cabeza a las posibilidades de huir con el reloj. Piensa que, como es de noche y está en mejores condiciones físicas que el hombre, podría escapar fácilmente.

—Oye —le dice.

—¿Qué quieres, Juan?

15   La voz del hombre no es muy animosa.

—Hay algo que brilla allá en la carretera. Voy a ver qué es. A lo mejor es dinero, o ¡quién sabe! Alguna cosa caída de un automóvil. Espera, que vuelvo en seguida.

El reloj casi le quema la mano de apretado que lo tiene. Está 20 temiendo que en una fracción de segundo el hombre se lo pida para guardarlo. Pero no le dice nada.

Juan se aparta, primero despacio y después más rápidamente. No hay nada en la carretera que brille. No va a buscar nada. Sólo quiere intentar ganar unos metros para salir huyendo con el reloj y 25 que el hombre no lo pueda detener.

Se ha separado ya un buen trecho. Mira hacia atrás y el hombre no dice nada. No le ve, porque está muy oscuro, pero podría gritarle algo.

Sale corriendo desesperadamente. Sus pasos sobre el asfalto 30 le repercuten en las sienes doloridas. Está pensando que comete una traición al hombre que no hace muchas horas le salvó la vida. Disminuye la velocidad de su carrera y, poco a poco, se detiene.

Vuelve a desandar lo andado. No puede robarle el reloj. Tampoco puede dejarle abandonado, enfermo como parece estar.

35   El hombre continúa sin gritarle, ni llamarle, ni nada. «Debe ser muy confiado», piensa Juan para pensar algo.

1	sopesando (sopesar) *to test the weight*	30	repercuten (repercutir) *to resound, to rebound*
8	alcanzar *to catch up to*	31	traición *act of treason*
10	da (dar) vueltas *to go over*	33	desandar lo andado *to retrace one's step*
25	detener *to stop*		
26	trecho *distance*		

Llega hasta él. Sigue apoyado en el árbol. No distingue mucho, sólo un bulto en la sombra.

—No había nada —comenta como para justificarse.

El otro no responde.

5   —Toma el reloj. ¿Quieres que te lo ponga en el bolsillo?

Intenta hacerlo. Entonces se da cuenta de que el hombre no se mueve. Se sienta asustado. ¡Está muerto!

Hay unos segundos de vacilación. Ha dejado el reloj en el bolsillo del muerto, y despacio retrocede unos pasos.

10   Después, rápidamente vuelve a cogerlo y sale corriendo hacia Madrid como alma que lleva el diablo.

2 bulto *bulk, body, mass*

EJERCICIOS

A. Cuestionario

1. ¿Qué tiempo hacía durante el comienzo del cuento?
2. ¿Qué quería saber Juan acerca de su compañero? ¿Por qué era tan importante saberlo?
3. Cuando el hombre tenía hambre, ¿cómo conseguía cosas para comer?
4. ¿Cómo le había salvado la vida el hombre?
5. ¿Por qué no quería el hombre decirle su nombre a Juan?
6. ¿Qué hacían los dos hombres mientras hablaban?
7. ¿Por qué creía Juan que el hombre era muy raro?
8. Cuando Juan pudo ver al hombre en la luz, ¿cómo lo encontró?
9. Cuando Juan miró el reloj del hombre, ¿por qué era tan difícil descifrar la hora?
10. Cuando el hombre dijo «ya falta menos», ¿a qué se refería?
11. Mientras Juan miraba y sopesaba el reloj, ¿qué pensaba él?
12. ¿Qué pretexto empleó Juan para alejarse un poco del hombre?
13. ¿Por qué decidió Juan volver al hombre?
14. ¿En qué condición encontró Juan al hombre al regresar?
15. ¿Qué decidió hacer Juan al final del cuento?

B. Correcto — Incorrecto

1. Los dos hombres se sientan para cenar.
2. Los dos hombres habían terminado un día en el cual habían caminado mucho.

3. El hombre sabe adónde va después.
4. El hombre no le dice su nombre a Juan porque no quiere que Juan lo conozca bien.
5. Los hombres pueden verse bien en el foco.
6. El hombre se siente bien aunque ha caminado todo el día.
7. El reloj que admira Juan es de mucho valor.
8. Es verdad que Juan había encontrado dinero en el camino.
9. La conciencia de Juan le hace devolverle el reloj al hombre.
10. El hombre está contento que Juan le haya devuelto el reloj.

C. Eliminación

Elimine Ud. la palabra que no pertenece al grupo.

1. cara, estómago, dedo, pañuelo
2. correr, huir, detenerse, escapar
3. fumar, carrera, colilla, cigarro
4. amparo, carretera, automóvil, camino
5. frío, cielo, vientecillo, temblar

D. Selección de la Palabra Correspondiente

Seleccione Ud. el nombre del grupo B que más se relaciona con el verbo del grupo A.

A		B	
1.	ver	a.	oro
2.	soplar	b.	luz
3.	mover	c.	ojos
4.	brillar	d.	coche
5.	cruzar	e.	puente
6.	frenar	f.	viento
7.	encender	g.	músculos

E. Traducción

Traduzca Ud. los siguientes fragmentos.

1. «Difícilmente se ven ya las caras, porque se ha ido haciendo la oscuridad rápidamente. En otoño las sombras aparecen casi de pronto, inesperadamente. El hombre... ni siquiera ha movido un músculo desde que se sentó apoyado en el árbol.»

2. «¡Hombre! ¡Menos mal que me llamas amigo! Ya que no me dices tu nombre, es lo menos que puedo esperar. Cuando dos hombres fuman juntos, son amigos... Aunque uno no sepa cómo se llama el otro.»

3. «Sale corriendo desesperadamente. Sus pasos sobre el asfalto le repercuten en las sienes doloridas. Está pensando que comete una traición al hombre que no hace muchas horas le salvó la vida. Disminuye la velocidad de su carrera, y, poco a poco, se detiene.»

F. Composición y Discusión

1. El valor de una vida humana
2. La importancia de ser honrado
3. ¿Qué es la amistad?

GUILLERMO
O SORIO

Guillermo Osorio nació en Cuenca, España, en 1920 y escribió sus primeros versos a los doce años. En 1947 se trasladó a Madrid y colaboró en periódicos y revistas poéticas y literarias. En 1954 escribió sus dos primeros libros de poemas Sonetos del buen sufrir *y* Cantarcillos del Jucar. *En 1960 publicó el libro de narraciones* El bazar de la Niebla, *que ha sido traducido en Europa a varios idiomas, y en el mismo año obtuvo el Premio Cauce de Poesía por su nuevo libro de* versos Caralaire.

El Sr. Osorio tiene escrita la obra de teatro «La Sonrisa» que ganó accésit del Premio de Teatro «Ciudad de Barcelona». No ha sido posible aún llevar esta obra a la escena, ya que ha sido rechazada cuatro veces consecutivas por la censura de Franco.

En la actualidad prepara la publicación de dos libros de narraciones y uno de poemas. También está realizando un estudio genealógico sobre las calles de Cuenca.

El perro
azul

Es ya casi noche cerrada cuando llego al pueblo. Aún falta un buen rato para cenar. No sé qué hacer y me voy a la taberna de Sebastián. En el mostrador está «Curriqui» ante un jarro de vino tinto. Aunque el apodo suene a
5 pequeño, «Curriqui» es un hombretón de casi dos metros. El orgullo de «Curriqui» es su barba, una enorme barba inculta que le llega a la cintura, y que, según él, no se ha recortado desde que nació. Tiene «Curriqui», al decir de los vecinos, una «mano santa» para muchas cosas, y la verdad es que, así, a primera vista, bien
10 podía pasar por un apóstol, si no fuera porque blasfemaba a la primera contrariedad. Sin embargo, y esto es curioso, no puede oír una blasfemia que no salga de su boca. Le molestan los tacos de los demás, no sé si porque quiere la exclusiva o porque se considera irremisiblemente condenado y quiere salvar a los otros.

15 «Curriqui» tiene en su pueblo y en los de alrededor una muy lograda fama de curandero, lo que no es obstáculo para que también entierre a los muertos, críe jilgueros, fabrique ungüentos, coleccione mariposas y haga coplas discretamente alusivas a la fulana o a la mengana, que los mozos le pagan muy bien. Es, en conjunto,
20 un extraño tipo.

En el pueblo se lleva bien con todo el mundo menos con don Antonio, el médico. Cuentan que un día el cabo de la Guardia Civil llamó a «Curriqui».

—Oye, tú, desde mañana se acabó la curandería. ¿Entendido?
25 —¿Pues qué pasa, señor cabo?

—No pasa nada. Que don Antonio me ha dicho que va a dar parte al Colegio, y a mí no me metes tú en líos. ¿Estamos?

4	apodo *nickname*	17	entierre (enterrar) *to bury*
	suene (sonar) a *to sound like*		críe (criar) jilgueros *to raise*
7	cintura *waist*		*goldfinches*
8	«mano santa» *divine power or gift*	18	mariposas *butterflies*
12	tacos *curses*		fulana *so-and-so*
14	irremisiblemente *irremissibly*	19	mengana *so-and-so*
16	lograda *well-earned*		en conjunto *in summation*
	curandero *healer*		

—Pero si yo no cobro nada.

—No cobras, pero te pagan. Así que ya lo sabes. O eso o marcharte del pueblo. Tú verás.

«Curriqui» no se marchó del pueblo. Siguió con su huerto, sus
5 pájaros, sus mariposas y sus muertos, que ya eran como algo suyo.

Y sucedió que una noche un número de la Guardia Civil llamó a la casita del cementerio.

—Venga, tú, de prisa, vístete y vente conmigo.

—Pero ¿por qué?

10 —Por nada, imbécil. La mujer del cabo que se está muriendo. Venga, hombre, date prisa.

Llegaron al cuartel. El cabo Fernández esperaba en la puerta.

—Vamos, pasa aquí.

—¿Por qué no llaman a don Antonio?

15 —Ya lo he llamado. Le ha puesto una inyección. Dice que no puede hacer más y que hay que tener paciencia. ¡Vaya receta!

El cuarto de la enferma estaba lleno de mujeres. «Curriqui» se volvió al cabo:

—Aquí sobra gente.

20 El cabo Fernández reaccionó como si le mandara un superior.

—¡Fuera, fuera todo el mundo!

A pesar de la fiebre altísima, la mujer reconoció al curandero.

—Estoy mal, «Curriqui», muy mal...

«Curriqui» preguntó al cabo —¿Qué ha sido?

25 —¿Y yo qué sé? Empezó con dolor de barriga y fíjate.

El curandero apartó la ropa y palpó suavemente el vientre de la enferma.

—Sí, eso es. Que me traigan un poco de aceite.

Trajeron el aceite y las manos del curandero empezaron a mo-
30 verse sobre el vientre de la mujer, rítmica, suavemente, en un movimiento uniformemente acelerado. El cabo Fernández contemplaba con ansia la cara de su mujer.

—¿Qué tal?

—Mejor, mejor...

35 Pasado un rato, «Curriqui» suspendió el masaje.

—Bueno, esto está hecho. Ahora tiene que romper aguas.

1 cobro (cobrar) *to charge, to collect*
2 marcharte (marcharse) *to take leave*
11 date (dar) prisa *to hasten*
16 receta *prescription*

22 A pesar de *in spite of*
25 barriga *belly*
26 palpó (palpar) *to feel, to touch*
vientre *belly, womb*
28 aceite *oil*

El cabo volvió a inclinarse sobre la enferma.

—¿Qué, qué tal?

—Mejor, mucho mejor.

—Vaya, esto ya es otra cosa. Oye, tú.

5 —Diga, señor cabo.

—Ven para acá.

Llegaron a la cocina. El cabo llenó un vaso grande de vino.

—Toma, que sé que te gusta.

—Gracias, señor cabo.

10 —¿Y ahora qué hacemos?

—Nada. Esperar; esperar que rompa aguas. Ya no hay peligro.

—¿No?

—No.

—¿Entonces...?

15 —Nada. Yo me voy para casa. Luego volveré. Pero no hará falta, ya lo verá.

—¿No?

—No, señor.

—Bueno, bueno. Hasta luego entonces.

20 —Hasta luego, señor cabo.

—¡Oye!

—Diga, señor cabo.

—Como se me muera te parto el alma.

—No hará falta, señor cabo.

25 A las tres horas, la enferma estaba limpia de fiebre. Volvía el curandero para el cuartel cuando se tropezó con el cabo Fernández.

—Ya no haces falta.

«Curriqui» se estremeció.

—¿Así que...?

30 —Sí. Ya está buena.

Respiró «Curriqui».

—Ya se lo dije a usted.

El cabo Fernández le miraba con cierto respeto.

—Bueno, mira, yo no sé si curas o no curas. Allá tú. Lo único

35 que sé es que mi mujer ha salido adelante, y eso es lo que importa. Escucha lo que voy a decirte: yo no puedo ponerme en contra del médico porque me juego los galones, ahora, lo que sí puedo hacer

---

23 parto (partir) *to split open*
28 se estremeció (estremecerse) *to shake, to shudder*
35 ha salido (salir) adelante *to win out, to recover*

37 me juego (jugarse) los galones *to be in hot water*
   hacer la vista gorda *to close one's eyes to something*

es la vista gorda. ¿Tú me entiendes? Pero eso se queda para ti y
para mí. ¿Estamos?

—Estamos, señor cabo.

—Pues hasta la vista y que haya suerte.

5 —Gracias, señor cabo.

—Y como metas la pata te pongo de color de rosa.

—Descuide, señor cabo.

Y así de esta manera siguió «Curriqui» acudiendo donde le
llamaban, contra la voluntad de don Antonio, pero con el viento de
10 la vista gorda a su favor.

No hago más que entrar en la taberna y me doy cuenta de que
está completamente borracho. Nadie lo diría, porque se mantiene
firme y pronuncia claro. Pero yo le conozco bien, y, además, la
locuacidad en un tipo taciturno de naturaleza es un síntoma que no
15 falta, sobre todo si se encuentra al pie de un mostrador.

Se alegra de verme:

—¡Hombre! Que te pongan un vaso.

Es curioso: desde el momento en que nos conocimos, «Curriqui» empezó a tutearme, yo, sin embargo, sigo habándole de usted.
20 No sé por qué, pero es así.

—Vaya por el vaso. Oiga, «Curriqui», yo quería preguntarle
una cosa.

—Venga de ahí.

—¿Usted sabe algo del perro azul?

25 «Curriqui» me mira al fondo de los ojos. Luego rompe a reír.

—¿Pues no voy a saber? ¿Quién puede saberlo sino yo?

—¿Quiere contarme lo que sepa?

«Curriqui» empuña la jarra y llena los vasos despaciosamente.

—¿No se lo vas a contar a nadie?

30 —Por supuesto que no.

—Bueno, verás: Dicen que hace mucho tiempo se aparecía en
las afueras del pueblo un perro azul. Se aparecía por las noches, y
no todas, sino cuando quería. El perro azul...

—¿Cómo podían ver el color si era de noche?

35 —Porque relucía como un demonio. Dicen que algunas veces
llegó a cruzar el pueblo corriendo por la calle principal. Algunos

2	¿Estamos? *Are we in agreement?*	28	empuña (empuñar) *to grasp*
6	metas (meter) la pata *to put one's foot in one's mouth*	32	las afueras *the outskirts, outlying areas*
23	Venga (venir) de ahí *to come out with it*	35	relucía (relucir) *to shine*
25	rompe (romper) a reír *to break out into laughter*		

aseguran que era un ánima en pena. Las gentes estaban atemorizadas, y lo mismo en invierno que en verano se encerraban en sus
casas antes del anochecer. Los perros, perros hechos a pelearse con
los lobos, se acoquinaban y le dejaban paso libre. También dicen
que quien veía al perro no terminaba el año. Ya puedes figurarte lo
que esto supone en un pueblo de catetos.

—¿Queda en el pueblo alguien que viera al perro?

—Sí. Yo conozco varios. Pero eso fue en la segunda época. Ya
te he dicho que el perro apareció hace muchos años. Pasó luego
mucho tiempo sin que se le viera, y cuando la gente estaba más
tranquila, ¡zas!, otra vez el perro paseando por el pueblo. ¿Eh, qué
te parece?

—¿Cuándo apareció la última vez?

—Hace lo menos treinta años. No se le ha visto más. ¿Verdad
que es curioso?

«Curriqui» se ríe con toda su alma. Está cada vez más borracho. Me pone una mano en el hombro.

—Oye: ¿tú eres capaz de guardar un secreto? Pues escucha
esto: El perro azul soy yo. ¿Eh, qué te parece? Verás: yo venía
dándole a la cabeza con la historia del perro y el miedo de los
vecinos, y entonces se me ocurrió que esto podía ser un negocio.
Espera, déjame seguir. Pensé que el perro apareciera de nuevo en
el pueblo. Me traje un perro. Cuando estuvo hecho a la casa empecé
a soltarlo algunas noches. Lo demás ya te lo puedes figurar. Yo...

—¿Pero y el color azul?

—¿Me dejarás terminar? Antes de soltarlo le daba una mano
de fósforo. Relucía que daba gusto verlo. ¿Lo entiendes ahora?
—se toma otro vaso—. ¿Lo entiendes o no lo entiendes? Los vecinos se encerraban en sus casas muertos de miedo. Los perros también tenían miedo. Así, mientras el «ánima en pena» se paseaba
arriba y abajo, yo hacía mi agosto en corrales y gallineros. ¿Eh, qué
te parece?

—¿Todo eso es cierto?

—Como lo estás oyendo.

—Pues me parece que es usted un perfecto bribón.

1	ánima en pena *lost soul*	20	dándole (dar) a la cabeza *to play*
	atemorizadas *terrified*		*with an idea in one's head*
3	pelearse *to fight*	24	soltarlo *to set (it) free*
4	lobos *wolves*	26	una mano *a coat of paint*
	se acoquinaban (acoquinarse) *to*	31	mi agosto *my day of feasting*
	be intimidated		gallineros *henhouses*
6	catetos *villagers*	35	bribón *scoundrel, rascal, bum*

«Curriqui» suelta una carcajada que hace retemblar la tasca.

—¿Bribón? No digas tonterías. Los tontos vienen a este mundo para dar de comer a los vivos. Para eso los aguantamos. La estupidez humana no tiene límites. Decían que a sus gallinas se las llevaba el «ánima en pena». ¿Qué te parece?

—Ya se lo he dicho. ¿Qué fue del perro?

—Lo peor que podía ser. Por aquel entonces vino al pueblo el destacamento de la Guardia Civil. Los guardias no entienden mucho de ánimas y una noche le pegaron un tiro. Pudo llegar hasta casa y murió a mis pies. Lo enterré debajo del limonar y encima sembré campanillas azules. ¿Otro trago?

—La verdad es que me da un poco de asco beber con usted.

El viejo se congestiona de risa.

—Perdona un momento. Voy al corral.

—¿Al corral?

—Sí, hombre, sí; pero sólo a mear, no te preocupes.

Llamo para pagar y marcharme antes que vuelva. Se acerca el tabernero.

—¿Qué, ya le ha contado la historia del perro?

—¿Usted también lo sabe?

—Y cómo no. Lleva unos días que no habla de otra cosa. Claro que usted no se lo habrá creído. Son sólo fantasías, productos de su cabeza. Se inventa cada cosa... Por lo demás es un infeliz, incapaz de hacer daño a una mosca. Si usted quiere verle feliz haga que se lo ha creído. Pero son sólo historias de «Curriqui».

—Sin embargo, yo había oído algo...

—Nada. Ya le digo: historias.

«Curriqui» vuelve del corral canturreando. Tiene cara de chico travieso.

—¿Qué, tomas otro trago con este bandido?

Tomamos el trago y salimos a la calle. Todo está oscuro. No hemos dado cuatro pasos cuando «Curriqui» me coge violentamente por el brazo.

1	suelta (soltar) una carcajada *to let out a loud laugh*	10	sembré (sembrar) *to plant*
	hace (hacer) retemblar la tasca *to make the joint shake*	11	trago *drink*
		12	asco *disgust*
3	aguantamos (aguantar) *to bear, to endure*	16	mear *to urinate*
		24	hacer daño *to harm, to hurt*
8	destacamento *detachment of soldiers*	28	canturreando (canturrear) *to hum, to sing in a low voice*
9	pegaron (pegar) un tiro *to fire a shot*	29	travieso *mischievous*

—¡Mira! ¡Mira!

Al fondo del callejón, destacando vivamente en la oscuridad hay un perro azul, resplandeciente. El animal nos mira, mueve el rabo amistosamente y vuelve la esquina despacio, despacio...

5 «Curriqui» se murió al día siguiente. Yo estuve a su lado. Sus últimas palabras fueron:

—¿Verdad que no se lo vas a contar a nadie?

2 callejón *alley*
destacando (destacar) *to stand out*
4 rabo *tail*

4 amistosamente *in a friendly manner*

EJERCICIOS

A. Cuestionario

1. ¿Quién es Curriqui?
2. ¿Qué es su orgullo?
3. ¿Por qué es famoso Curriqui?
4. ¿Con quién no se lleva bien?
5. ¿Qué sucedió una noche?
6. ¿Por qué estaba preocupado el cabo?
7. ¿Por qué hace la vista gorda el cabo?
8. ¿Quién sabe la historia del perro azul?
9. ¿Cuándo aparecía el perro azul?
10. ¿Qué pensaba la gente del perro azul?
11. ¿Cuándo apareció por última vez el perro azul?
12. ¿Cuál es el secreto de Curriqui?
13. ¿Qué hacía Curriqui cuando el perro azul aterrorizaba al pueblo?
14. ¿Qué le pasó al perro?
15. ¿Dónde lo enterró Curriqui?
16. ¿Qué ven cuando salen al callejón?
17. ¿Qué le pasó a Curriqui?
18. ¿Qué piensa Ud. sobre la historia del perro azul?

B. Correcto — Incorrecto

1. Antonio es el mejor amigo de Curriqui.
2. La mujer del cabo murió después del parto.
3. Curriqui está completamente borracho.
4. Según Curriqui, el perro azul es un ánima en pena.

5. Los otros perros no tenían miedo del perro azul.
6. El perro azul apareció hace muchos años.
7. El perro azul daba miedo porque era invisible.
8. El perro azul murió misteriosamente.
9. Era una noche oscura.
10. Al ver al perro azul, Curriqui se murió.

C.   Selección de la Palabra Correspondiente

Seleccione Ud. las palabras del grupo B que corresponden más con cada palabra del grupo A.

	A		B
1.	cuartel	a.	una persona con intenciones malas
2.	barriga	b.	muy rápido
3.	acudir	c.	cosas de poco valor
4.	tonterías	d.	jardín
5.	limonar	e.	lugar donde viven soldados o guardias
6.	travieso	f.	árbol frutal
7.	curandero	g.	parte del cuerpo
8.	de prisa	h.	asistir
9.	lo demás	i.	charlatán
10.	huerto	j.	el resto

D.   Completamiento de la Frase

Complete Ud. las siguientes frases con la expresión más apropiada.

1. _____ entró el profesor en la clase.
   a. Llegó a ser
   b. Pasado un rato
   c. De modo que

2. La mujer hablaba con autoridad _____ su fiebre alta.
   a. con tal que
   b. sin embargo
   c. a pesar de

3. A Carlos le _____ cinco dólares para comprar una camisa.
   a. hacen falta
   b. tiene que
   c. sobre todo

4. Ricardo salió _____ México ayer.
    a. por
    b. para
    c. con

5. El policía mira a los jóvenes pero _____.
    a. rompe a reír
    b. hace la vista gorda
    c. suelta una carcajada

6. Cada vez que Pablo habla _____.
    a. mete la pata
    b. se emborracha
    c. canturrea

7. Los vecinos _____ del perro azul.
    a. tenían miedo
    b. tenían prisa
    c. conocían

8. Carlos estaba paseando _____.
    a. como tal
    b. arriba y abajo
    c. sin límites

9. El policía le _____ al ladrón.
    a. pegó un tiro
    b. empuñó la jarra
    c. destacó

10. El perro _____ poco a poco al corral.
    a. ha salido
    b. aparecía
    c. se acerca

E. Traducción

Traduzca Ud. los siguientes fragmentos.

1. «Trajeron el aceite y las manos del curandero empezaron a moverse sobre el vientre de la mujer, rítmica, suavemente, en un movimiento uniformemente acelerado.»

2. «No hago más que entrar en la taberna y me doy cuenta de que

está completamente borracho. Nadie lo diría, porque se mantiene firme y pronuncia claro.»

3. «Al fondo del callejón, destacando vivamente en la oscuridad hay un perro azul, resplandeciente. El animal nos mira, mueve el rabo amistosamente y vuelve la esquina despacio, despacio...»

F. Composición y Discusión

1. Remedios anticuados para las enfermedades
2. Las reacciones inmediatas que uno tendría al ver «el perro azul»
3. Mis temores

Héctor Max

MARÍA MANUELA DOLÓN

Apenas bajo al pueblo. Las noticias que circulan por él, las pocas novedades que de vez en cuando hay en él, me vienen únicamente por conducto de mi criado que se afana, el pobre, en tenerme informado de cuanto él juzga me puede interesar. Hoy ha subido la escalinata de piedra que llega hasta la casa, jadeante, casi corriendo, porque según me dice entrando de sopetón en mi estudio, me trae una noticia que me va a alegrar muchísimo.

—¿Sabe usted lo que están haciendo en el pueblo?... ¿Sabe usted quién va a venir...? —me ha dicho a continuación, atropelladamente, sin resuello todavía. Yo he dejado de teclear en la máquina, me he repantigado en el sillón y le he mirado interrogante, esperando.

—¡Pues su amigo! ¡Su amigo Jaime! —ha exclamado con aire triunfante. Y después ha añadido: —¿Se acuerda usted de él...?

Este viejo criado mío está chocheando ya. ¡Pues me dice si me acuerdo de él...! No he olvidado a Jaime ni un solo instante de estos treinta años que han transcurrido desde que se marchó en ese viaje sin término que proyectamos hacer juntos.

Mis ojos se han ido derechos al ventanal desde donde sólo se divisa el cielo y el mar. Por ese mar que soñamos surcar juntos para ir en busca de la gloria... Noto que los recuerdos van a empezar a acosarme. Los recuerdos que jamás me han abandonado del todo, pero que ahora, de pronto, me duelen más rabiosamente que nunca.

Le pregunto al criado:

—¿Y cómo te has enterado tú que viene?

2	novedades *news*	12	me he repantigado (repantigarse) *to sprawl out in a chair*
4	se afana (afanarse) *to strive to*		
5	escalinata de piedra *stone stairway*	16	está chocheando (chochear) *to dote*
7	de sopetón *suddenly*	21	surcar *to plough through*
10	atropelladamente *hastily*	23	acosar *to harass, to pursue relentlessly*
11	resuello *hard breathing*		
	he dejado (dejar) de teclear *to stop typing*	26	te has enterado (enterarse) *to find out*

64

—¿Qué cómo me he enterado? ¡Pues menudo revuelo hay en el pueblo para no enterarse uno...! Usted no sabe la de festejos que se van a organizar en su honor. Ya están colocando una placa de mármol en la casa donde nació. La van a descubrir cuando él llegue.

5 El ayuntamiento le ha nombrado hijo favorito, y va a haber salvas, discursos e innumerables fiestas en su honor. En fin, igual que si viniera un rey —ha concluido.

Yo he sonreído. Esa es la gloria, Jaime. La gloria que tú ansiabas. La gloria que ansiaba yo. Mucho habíamos soñado con

10 ella. ¿Te acuerdas? Tú ya la has alcanzado. ¿Y a qué sabe la gloria, Jaime? ¿Qué se siente poseyéndola...? No sé si me atreveré a preguntártelo cuando te vea. Tal vez no me atreva ni a mirarte, Jaime. Ni a ponerme frente a ti, ni a sostener tu penetrante mirada.

—¿Está usted contento con la noticia que le he traído hoy? —Y

15 mi viejo criado me sonríe con satisfacción.

Su voz es como si me hubiera despertado de golpe. Como si hubiera esperado cual palomas a mis pensamientos.

—Sí, claro —le he respondido—. Es una agradable noticia la que me has dado. Gracias— y me he puesto seguidamente de pie.

20 Sé que hoy ya no podré seguir escribiendo. Que me sería imposible escribir más.

El criado ha salido de la habitación. Yo he recogido mis papeles, he enfundado la máquina. Luego he encendido mi pipa y he salido afuera a fumarla.

25 Desde el ventanal del estudio sólo se divisa el mar y el cielo como si la casa estuviese suspendida en una nube. Pero desde el exterior el panorama es más extenso. Se ve toda la colina que escalonada llega hasta el mismo borde del mar. Se ve todo el monte, hoy de un verde fuerte e intenso. Se ven los árboles trepando hacia

30 la cima. Se ve el pueblo a lo lejos, pequeño, apretado, muy blanco y con sus tejados grises, verdosos, rojizos... Y allá abajo, allá al fondo, se ve por último el mar inmenso y los buques que de vez en cuando lo cruzan y que luego se pierden en el ilimitado horizonte.

Contemplando el mar, el mar de nuestros sueños e ilusiones, no

35 puedo evitar recordar nuestra juventud, Jaime. Cuando éramos muy jóvenes, muy locos, y estábamos llenos de ambiciones y quimeras.

1	menudo revuelo *slight disturbance*	23	he enfundado (enfundar) *to put something in its case*
5	ayuntamiento *town council*		
	salvas *greeting, welcomes*	29	trepando (trepar) *to climb*
9	ansiabas (ansiar) *to desire*	30	apretado *tight, dense*
13	ponerme (ponerse) frente a *to face*	31	tejados *tile roofs*
19	seguidamente *immediately*	32	buques *ships*
		36	quimeras *unrealizable dreams*

¿Te acuerdas tú, también, Jaime? Ansiábamos conquistar el mundo. Nos parecía fácil, posible, ¿por qué no? Aún no conocíamos nada de la vida. No sabíamos nada de los obstáculos, de los fracasos, de las derrotas que puede uno ir encontrando a cada paso en su camino. Estábamos muy seguros de nosotros mismos y nada ni nadie podía detener a nuestra imaginación exaltada ni a nuestras ambiciones de triunfo. No había nada imposible para nosotros entonces, ¿te acuerdas, Jaime?

He suspirado de pronto, y he vuelto la vista atrás. He contemplado mi casa. Y me he acordado de cuando paseando tú y yo por estos alrededores, en aquellas eternas caminatas, la veíamos a lo lejos y comentábamos lo bien que se tenía que escribir aquí, en completa soledad, rodeado sólo de mar y cielo. Recuerdo que ya entonces, en mi fuero interno, aunque nunca te lo dije tal vez, me prometí a mí mismo que esta casa algún día habría de ser mía. No sabía cómo ni cuándo... Pero un día yo sería su dueño; yo viviría y escribiría aquí. Y lo he logrado, Jaime. Ya ves que yo también, a mi modo, he triunfado. ¿No es, acaso, triunfo el dinero? Parece que te veo. Parece que oigo tu voz entristecida diciéndome: «Pero eso no era solamente lo que tú querías, Antonio...». De acuerdo, Jaime. De acuerdo. Pero, ¡qué quieres! No tuve paciencia, no tuve valor. Fui cobarde. Tuve miedo al hambre, a la miseria, a las privaciones, a todo a lo que nos íbamos a exponer. Me aterró la lucha que íbamos a emprender. Me asustó el largo camino que teníamos que recorrer. No tuve coraje para luchar, para esperar. Había que atreverse, había que arriesgarse, y no me atreví. ¿Y si nunca alcanzamos la meta? —me pregunté de pronto— Y al final, después de tantos años haciendo planes y proyectos sobre nuestro viaje a la capital a la conquista de la gloria, te abandoné dejándote marchar solo. No sé si habrás perdonado del todo mi deserción de entonces. Yo, te lo juro, en lo más íntimo de mi alma no me lo he perdonado ni me lo perdonaré mientras viva. Pero nunca, nunca me ha dolido tanto, me ha hecho tanto daño este recuerdo como hoy que se ha avivado al enterarme que vuelves, y que vuelves triunfante, famoso, con un nombre que suena ya universalmente.

Me imagino que habrás tenido que luchar duro para conse-

4 derrotas *defeats*	26 arriesgarse *to risk oneself, to venture out*
11 alrededores *surroundings*	27 meta *goal*
14 fuero interno *conscience, inmost heart*	32 ha dolido (doler) *to hurt, to ache*
22 cobarde *coward*	33 ha avivado (avivar) *to revive*
23 lucha *struggle, fight*	

guirlo. Porque tu triunfo, como todo triunfo verdadero, no fue fácil ni rápido. No en balde te ha costado tantos años, casi la vida entera obtenerlo. Y que acaso más de una vez, sintiéndote desmoralizado, desesperado, pensarías tú también en desertar. ¿No es cierto, Jaime?
5 Pero no lo hiciste, no te dejaste vencer ni amilanar por nada y ahí radica tu grandeza, tu mérito y tu compensación. ¡Cómo te envidio, Jaime! ¡Cómo envidio tu tesón y tu voluntad! Tu paciente y laboriosa espera hasta conquistar lo que te propusiste lograr cuando eras muchacho. Cuando éramos muchachos los dos y no hablábamos
10 de otra cosa que de los libros que pensábamos escribir, de la gloria que íbamos a alcanzar... La gloria que tú ya has alcanzado, Jaime. No te desviaste ni un ápice de tu camino, de la meta que te fijaste entonces. Lo sé bien porque he leído todos tus libros. He seguido tu carrera literaria por los periódicos, por las revistas y por las entre-
15 vistas que te han hecho. Y he visto cuán fiel has sido a tu vocación y a tu ideal. Quizá para triunfar hayas tenido que renunciar a muchas cosas. No se da nada gratuitamente. Pero, ¿no he renunciado yo también, Jaime? Sí, yo he renunciado a lo que más quería. A mi vocación de escritor. ¿Es que no ha sido para mí un duro
20 sacrificio ahogar mis sueños, mis ambiciones, ahogar a mis personajes, mis argumentos, todo lo que me bullía en la cabeza entonces y resignarme a escribir como ahora escribo, palabras, sólo palabras, palabras sin alma, sin pensamientos, palabras vacías y huecas...? ¡Ay, aquellos libros que yo pensaba hacer! ¡Ay, aquellos
25 temas, aquellas ideas que me hervían en el cerebro! Todo se secó, Jaime. Todo se agotó. Ya nada queda de aquéllo. De tantos sueños y tantas ambiciones. La realidad se impuso. La crudeza de la vida me despertó. A las primeras derrotas me asusté. Me encogí. ¿Es que, acaso, no era tan fuerte como la tuya mi vocación? Me lo pre-
30 gunto ahora y me lo he preguntado miles de veces más. ¿Qué me pasó entonces, Jaime, qué me pasó? Yo era tan buen escritor como tú. O acaso más, ¿te acuerdas? Pero me faltó voluntad, tesón para seguir a pesar de todas las contingencias, a pesar de los obstáculos. Sí, me falló la voluntad...
35 ¿Y sabes, Jaime, amigo, cómo empezó todo? Después que tú

2	en balde *in vain*	21	bullía (bullir) *to abound, to bustle*
6	radica (radicar) *to be located*	23	vacías *empty, useless*
7	tesón *grit, tenacity*	24	huecas *hollow*
12	te desviaste (desviarse) *to turn away from, to stray from*	25	hervían (hervir) *to boil*
	un ápice *a bit*	26	se agotó (agotar) *to be used up, to wear out*
14	entrevistas *interviews*	28	Me encogí (encogerse) *to become timid*
17	gratuitamente *free (without pay)*		

te fuiste continué escribiendo. Pero empecé a desfallecer, a sentir un atroz desaliento al ver que mis cuentos, mis trabajos me los rechazaban sistemáticamente por ser un desconocido. Y también porque estaban demasiado bien escritos, según llegaron a decirme
5   más de una vez al devolvérmelos, ¿sabes? ¿Y no era cruel eso, Jaime, no era monstruoso? Me propuse escribir cada día peor. No preocuparme del estilo ni del idioma ni de la forma. Un día, lo recuerdo muy bien, entré en la librería del pueblo y advertí con tristeza que cuantas personas entraban allí lo hacían solamente para
10 comprar noveluchas baratas, noveluchas de esas que están muy mal escritas y peor pergueñadas. Pensé que los autores de semejantes engendros se hinchaban de ganar dinero mientras nosotros, los verdaderos escritores, nos moríamos de asco y hastío. Fue un doloroso descubrimiento aquél, no creas. Pero fue el comienzo de todo. ¿Y si
15 yo intentaba escribir algo parecido para ganar dinero? —me dije—. No lo pensé mucho aunque tú no sabes lo que me repugnaba hacerlo. La violencia que me tuve que hacer. No era eso lo mío, no, y me costó un esfuerzo inaudito. Me parecía que me estaba prostituyendo, que me vendía, que estaba traicionando a algo o a alguien.
20 ¡Oh, aquellos terribles días en los que escribí mi primera novela mala! No quiero acordarme lo que sufrí. Pero eso fue solamente al principio. Después me acostumbré. A todo acaba acostumbrándose uno, Jaime. Y el dinero es agradable, el dinero hace falta para vivir, Jaime. Y yo no podía pasarme toda mi vida esperando un premio
25 que a lo peor nunca llegaba, o aguardando a que un editor se decidiera al fin a publicar mis trabajos. No, yo tenía que comer todos los días. ¿Comprendes, Jaime? He olvidado completamente el título que le puse a aquella estúpida historia que inventé en la que salía una rubia explosiva y unos pistoleros. Pero fueron las pri-
30 meras diez mil pesetas que gané escribiendo. No sé si bendije o por el contrario maldije a aquel editor que me las proporcionaba. No obstante mi intención era solamente ganar algún dinero para poder dedicarme de lleno, más tarde, a lo que yo verdaderamente quería y sentía. Es decir, que en mí habría dos personas, el fabulador de
35 idioteces y el escritor de verdad, el creador auténtico que yo era.

1	desfallecer *to weaken*	15	algo parecido *something similar*
2	desaliento *discouragement*	25	aguardando (aguardar) *to await,*
3	rechazaba (rechazar) *to reject*		*to wait for*
12	engendros *creations*	29	pistoleros *pistol-shooting*
	se hinchaban (hincharse) *to*		*gangsters*
	become swollen	30	bendije (bendecir) *to bless*
13	asco *disgust*	31	maldije (maldecir) *to curse*
	hastío *boredom*	33	de lleno *completely*

Pero, ¡ay! Jaime, me vi de pronto inmerso en la fiebre que da el dinero. Y seguí escribiendo aquella clase de novelas y seguí, seguí ganando dinero. Empecé a encontrarle gusto a la riqueza, yo que nunca había tenido nada. Y ya nada pudo detenerme. Pero no creas
5 que me sentía contento ni orgulloso. No, no lo estaba. Sentía una tristeza, una amargura tremenda que todavía no se me ha curado ni jamás se me curará. Pero el dinero también puede ser como el vino que te emborracha o como la droga que te adormece y te hace soñar. Más, más, quieres más, y ya sólo vives para ello. Eso me ha
10 ocurrido a mí.

Al poco tiempo me vi con dinero suficiente para comprar la casa de la colina. La casa en la que desde muchacho soñaba como el sitio ideal para escribir. Pero, ¡ya ves! ironías de la vida, escribo, sí, ¡pero qué cosas, Señor, qué cosas...! ¿Más voy a renunciar al filón
15 de oro, ahora? No puedo. Es cierto que parezco un galeoto. Que trabajo muy duramente. Y que me es más difícil escribir mal que bien. Porque es forzado, porque no lo siento ni me sale del alma ni me ha nacido dentro. Tampoco te produce satisfacción como cuando escribes una bella página ni te hace sentirse creador... Así que cada
20 novela que hago es a costa de parirla trabajosamente. A menudo me asalta el pensamiento de si merecerá la pena tanto esfuerzo. Pero continúo escribiendo. Paso todo el día sentado ante la máquina. Lo dejo solamente cuando siento que el cansancio agarrota mis dedos, cuando la fatiga atrofia mi mente. Descanso un rato y vuelvo des-
25 pués a la tarea. Es dinero, dinero lo que yo escribo y no debo desperdiciarlo, ¿verdad, Jaime?

No obstante, a veces, Jaime, todavía alguna vez me torturan mis antiguos y olvidados personajes y me hacen daño en el cerebro como si me martillearan exigiéndome salir. Aquellos personajes que
30 yo sentía vivos, palpitantes y sólo me pedían que les hiciera nacer. Y que yo ahogué dentro de mí. Sí, amigo, que yo ahogué. Pero no puedo hacer nada ya por ellos. Es demasiado tarde. No sabría. No podría. He olvidado escribir bien. Ya no sé. Si nacieran ahora serían monstruos. Tanto tiempo los he tenido dentro de mí. Me he
35 acostumbrado, además, a mis nuevos personajes de cartón, no hu-

6	amargura *bitterness*	20	trabajosamente *with great difficulty*
8	emborracha (emborrachar) *to make drunk*		a menudo *often*
	adormece (adormecer) *to put to sleep*	23	cansancio *weariness*
14	filón de oro *gold mine*	25	desperdiciar(lo) *to fail to take advantage of, to squander*
15	galeoto *galley slave*	29	martillearan (martillear) *to hammer, to pound*
20	parirla *to bring it forth*		

manos, no de carne como los que tú creas, como los que yo quería crear. Y ya me siento impotente de hacer otra cosa.

¿Has oído hablar de «Héctor Max»? ¿El famoso, a su modo, escritorzuelo que se ha hecho millonario escribiendo cada semana
5 una novela del Oeste sin haber ido ni haber visto jamás el Oeste? Seguro que no. Y si has oído, ni remotamente lo relacionarías conmigo, ¿verdad? Gracias, Jaime. Y sin embargo ése soy yo, aquel mismo muchacho que hace treinta años soñaba con alcanzar la gloria literaria. Pero nadie lo sabe. A nadie se lo he dicho. Me
10 avergüenzo íntimamente. Y ni siquiera mi criado, que me ve escribir continuamente, puede sospechar una cosa así. Tampoco te lo diré a ti, Jaime. No, no te lo diré. No quiero que lo sepas. Prefiero que creas que abandoné la literatura años ha porque no logré triunfar. No quiero tu compasión, Jaime. No quiero oír tu voz queda, pro-
15 funda y apenada al decirme: «Antonio, Antonio, ¿cómo has podido hacer eso...?»

De pronto he sentido el vehemente deseo de bajar al pueblo. De ver los preparativos que están haciendo para tu llegada. He descendido los escalones de piedra, de prisa. He llegado al pueblo.
20 Me he detenido ante la casa donde naciste. Unos hombres están terminando de colocar la lápida. Es una lápida hermosa, grande, como no hay otra en el pueblo. Leo:

«Aquí nació hace cincuenta años el insigne y preclaro escritor, gloria de nuestras Letras, Jaime Torrel. Tu pueblo en homenaje,
25 1973.»

Me he quedado mucho tiempo contemplándola. ¿Es eso la gloria, Jaime? ¿La gloria con la que soñábamos los dos cuando éramos muchachos...? La pipa hace rato que se me ha apagado y ni me he dado cuenta. Pensativo, despacio, he dado la vuelta y he
30 regresado a casa.

Mañana llegas, Jaime. Me lo acaba de decir mi criado. ¡Si supieras cuánto deseo verte volver a abrazarte...! Es un anhelo fuerte, potente que me domina, pero al que voy a renunciar. Porque hoy, ahora mismo, salgo de viaje, Jaime. No sé todavía a dónde ni por
35 cuánto tiempo. Sólo sé que no quiero encontrarme contigo cuando vengas, aunque mi corazón lo desee tan ardientemente. ¿Pero, lo comprendes, verdad, querido amigo...? Perdóname si una vez más te defraudo. Si una vez más deserto, Jaime...

9	Me avergüenzo (avergonzarse) *to feel ashamed*	23	preclaro *illustrious*
14	queda *quiet, gentle*	32	anhelo *desire*
21	lápida *tablet (stone)*	38	defraudo (defraudar) *to disappoint, to cheat*
23	insigne *renowned, famous*		

EJERCICIOS

A. Cuestionario

1. ¿Cuáles son las noticias que trajo el criado?
2. ¿Cómo conoce Antonio a Jaime?
3. ¿Cómo pensaban ellos buscar la gloria?
4. ¿Qué recuerda Antonio de su juventud?
5. ¿Cuáles eran las mayores diferencias entre Antonio y Jaime?
6. ¿Por qué logró Antonio gran éxito en su profesión?
7. ¿Qué sentimientos tiene Antonio hacia sus obras?
8. Si Antonio ha ganado tanto dinero, ¿por qué no está contento?
9. ¿Cuál ha sido el efecto del dinero en Antonio?
10. Según Antonio, ¿cuál es la ironía de la vida?
11. ¿Tiene esperanzas Antonio para el futuro?
12. ¿Quién es Héctor Max?
13. ¿Por qué no quiere decirle a nadie quién es Héctor Max?
14. ¿Por qué no va Antonio a ver a Jaime cuando venga a su pueblo?
15. ¿Qué siente Antonio por Jaime?
16. ¿Qué rasgos le faltan a Antonio para hacerse un escritor de renombre?

B. Correcto — Incorrecto

1. A Antonio le gusta pasar mucho tiempo en el pueblo.
2. Hace mucho tiempo que Antonio y Jaime fueron amigos.
3. Antonio está muy satisfecho de su vida.
4. De jóvenes, Antonio y Jaime pensaban que todo era posible.
5. Antonio tiene vergüenza de no poder dedicarse a la buena escritura.
6. Cuando eran jóvenes, los dos amigos pensaban solamente en ser dueños de muchas casas.
7. Hace mucho tiempo que Antonio decidió no seguir la carrera de Jaime.
8. Ahora a Antonio le gusta escribir porque gana mucho dinero.
9. Antonio cayó en una trampa de la cual no puede escapar.
10. Héctor Max es un escritor bien conocido a quien Antonio no conoce.

C. Eliminación

Elimine Ud. la palabra que no pertenece al grupo.

1. cobarde, valor, miedo, asustado
2. desaliento, desesperado, desmoralizado, agradable

3. quimeras, fracasos, sueños, ilusiones
4. abandonar, dejar, renunciar, triunfar
5. alcanzar, realizar, desfallecer, lograr

D. Antónimos

Dé Ud. el contrario de cada palabra.

1. te acuerdas	5. hace falta
2. juventud	6. amargura
3. abajo	7. apagar
4. fuerte	8. nacer

E. Traducción

Traduzca Ud. los pasajes siguientes.

1. «Contemplando el mar, el mar de nuestros sueños e ilusiones, no puedo evitar recordar nuestra juventud, Jaime. Cuando éramos muy jóvenes, muy locos, y estábamos llenos de ambiciones y quimeras. ¿Te acuerdas, tú también, Jaime? Ansiábamos conquistar el mundo. Nos parecía fácil, posible, ¿por qué no? Aún no conocíamos nada de la vida.»

2. «...Un día, lo recuerdo muy bien, entré en la librería del pueblo y advertí con tristeza que cuantas personas entraban allí lo hacían solamente para comprar noveluchas baratas, noveluchas de esas que están muy mal escritas y peor pergueñadas.»

3. «He olvidado escribir bien. Ya no sé. Si naciera ahora serían monstruos. Tanto tiempo los he tenido dentro de mí. Me he acostumbrado, además, a mis nuevos personajes de cartón, no humanos, no de carne como los que tú creas, como los que yo quería crear. Y ya me siento impotente de hacer otra cosa.»

F. Composición y Discusión

1. Los problemas de poner demasiado énfasis en ganar dinero
2. Cómo hacerse famoso
3. Ambiciones y quimeras que tengo

CARLOS M.
PERELÉTEGUI

Carlos Manuel Perelétegui tiene 40 años y reside en Salamanca, España. Trabaja como oficial del Estado. Su primera enseñanza fue en Málaga y estudió para el Bachillerato en Valladolid. También estudió en la Escuela de Comercio en Salamanca. En la actualidad está en el cuarto año de estudios de Historia en la Facultad de Letras de la Universidad de Salamanca.

El Sr. Perelétegui ha escrito y sigue escribiendo para «Crónica Frívola Semanal» y escribe artículos sobre el toreo para «Los Toros» y para el diario local «El Adelanto». También ha servido como corresponsal de la publicación «El Norte de Castilla» de Valladolid y ha escrito relatos para la revista literaria «La Estafeta Literaria» en la cual apareció el cuento «Hay algo que no se para». También ha contribuido con numerosas colaboraciones literarias a programas de radio de España. El Sr. Perelétegui tiene escrito un libro de poesía taurina, De frente y de perfil. En 1969 obtuvo el preciado galardón «Hucha de Plata» por su cuento «Yo tampoco sé que hacemos aquí». Aparte de esto, el Sr. Perelétegui tiene colaboraciones en numerosas revistas taurinas de Madrid tal como «Fiesta Española», «El Burladero», y «Toreros-Torerías».

Hay algo que no se para

Bajé las escaleras repentinamente triste. En la acera estaban unos cubos de basura, y en la esquina acababa de aparcar un camión municipal haciendo sonar una campana. Dos hombres con uniforme gris, como el «chéster»
5 de los soldados en la instrucción, se dirigieron hacia los cubos. El conductor, desde la cabina, se rasgaba el cogote, y tenía un cigarro en la boca.

El cielo era azul. Lucía el sol. El verano estaba pegando su último coletazo y aún se sudaba por la calle. Juan no vendría a la
10 feria, que comienza mañana. Su mujer tuvo un aborto, y como él era el organizador de la excursión, todo ha quedado en agua de borrajas. Ya anulé la reserva de sus localidades.

Se nota que es feria. En las ciudades pequeñas es lo que pasa. Todo brilla un poco más, el claxón de los coches suena más estri-
15 dente, hay un murmullo de multitud en las calles céntricas, y vemos caras rurales —tostadas por cien soles— y rostros que jamás vimos en la capital. Los días de toros, todos estos síntomas suben notablemente de tono, se acentúan.

Voy a ver a Roque. Ayer tuvo un vómito de sangre tremendo.
20 Su madre me llamó por teléfono asustada, y cuando llegué a su casa, le encontré confundido con la almohada, recién mudada, callado y como muerto. Apenas me habló. Creo que dijo «¿has ido por Niágara?». Sólo eso. Su madre se echó aparatosamente a llorar. Sin duda pensó que su hijo jamás iría ya conmigo a tomar café. Posible-
25 mente, sintió hacia mí una ternura, reflejo, que antes no sentía. Le contesté que aquella tarde no había podido ir, y era verdad, y él

se para (pararse) *to cease, to stop* (title)	11 en agua de borrajas *"up in the air"*
1 repentinamente *suddenly*	12 localidades *theater seats*
2 cubos de basura *buckets of rubbish*	21 mudada (mudar) *changed (from a previous condition)*
6 se rasgaba (rasgarse) el cogote *to scratch the back of one's neck*	23 se echó (echarse)... a *to begin to* aparatosamente *ostentatiously*
9 coletazo *lash*	

cerró los ojos como si todo hubiese acabado y mi respuesta hubiera dado fin a todas sus posibles preguntas.

Siento una cierta aprensión que procuro vencer a medida que voy acercándome a su casa. Me avergüenzo interiormente de mis temores, y hago firme propósito de vencerlos, porque, en realidad, acudo a su lado gustosamente, y mi sentimiento de repugnacia no tiene nada que ver con la intención que me guía hasta su cabecera. Pienso que todos estamos expuestos a enfermar como él, que nadie tiene la vida comprada, que todos llegamos a necesitar una mano que estreche nuestro sudor..., y haciéndome estas y otras consideraciones, me encontré frente a su puerta, apretando un timbre que suena ronco, como en casa de algunos médicos.

—¿Cómo está Roque? —pregunté a su madre apenas abrió la puerta.

—Muy mal, hijo; no sé qué va a ser esto.

—Ya verá como no es nada —contesté haciendo de tripas corazón— Roque es joven, tiene reservas, podrá con todo...

—El médico está preocupado. Dice que operar.

—¿A estas alturas? —cometí la imprudencia de exclamar.

—Tú también crees que no hay solución, ¿verdad? —me dijo la madre con una imponente serenidad.

—¿Puedo verle? —pregunté sin contestarle.

La madre de Roque me empujó suavemente, pero no hacia la habitación de mi amigo, sino hacia el comedor. Se volvió a cerrar la puerta. La esperé en el umbral de la pieza. Pasamos juntos. Ella primero. Me invitó a sentarme. El sol daba de lleno en la pantalla del televisor. Tenía polvo la mesita en que se apoyaba. Ella se sentó frente a mí, y empezó a enredar con un paño de encaje sobre el que estaba un cenicero de cobre.

—¿Crees que debo decírselo? —me preguntó mirándome fijamente. Me di cuenta de que me llamaba de tú.

—¿Qué, señora?

Bajó los ojos. Sentí que la garganta se me quedaba seca por momentos. Y sentí el espanto de pensar que unos momentos más tarde, cuando fuera a verle, quizá le encontraría muerto, empapado en sangre.

3	a medida que *as, while*	25	pieza *room*
6	no tiene (tener) nada que ver con *to have nothing to do with*	28	enredar *to twist* paño de encaje *lace cloth*
11	apretando (apretar) un timbre *to push a doorbell*	29	cenicero de cobre *copper ashtray*
16	haciendo (hacer) de tripas corazón *to put on a bold front*	35	empapado (empapar) *drenched*

—Usted es el amigo de mi hijo (nuevamente me hablaba de usted). Yo soy una pobre mujer que ha sufrido mucho en esta vida y que no se ha acostumbrado todavía a pasar por estos momentos... Ayúdeme a hacerlo bien, por favor...

5 —Señora, no sé si sabré... Yo... ¿Qué es lo que quiere saber si debe decirle?

—Que se va a morir.

A la madre de Roque le daba el sol de espaldas. Al trasluz, su pelo parecía coronado con una aureola de brillo, casi sobrenatural.

10 —¿Qué le parece a usted? ¿Debo decírselo o no?

—Yo creo que si la gravedad es tan intensa, debe decírselo, naturalmente.

—Y tendré que avisar al cura, ¿verdad?

—Eso creo.

15 —Y mi Roque, ¿no se asustara mucho cuando vea todo eso?...

Encontré a la mujer asustada, infantil. No eran dramáticas sus preguntas, sino atemorizadas, sorprendidas, ingenuas. Quizá el dolor estuviera trastornándola poco a poco. Quizá la pena fuese nublando su entendimiento y estuviera convirtiéndola en niña, preocupada

20 por el efecto que causaría en Roque la presencia del sacerdote, e inquieta quizá por no haber pensado todavía el sitio en que mandaría instalar el ataúd cuando lo trajeran. Y su tono, su fría apariencia, su confundido acento, me comunicaron todo el profundo drama que aquella mujer sentía en sus entrañas, presintiendo la vida

25 solitaria que tendría que iniciar dentro de poco, como resultado de toda una existencia despidiéndose de ilusión tras ilusión. La vi pequeña, insignificante, vencida, casi inútil; la vi como una pequeña y profunda llaga, anestesiada de tanto sufrimiento.

—Yo no sabría decírselo. Si usted quisiera...

30 —No se preocupe. Voy a verle ahora.

Asintió con la cabeza y no se movió de su silla. Siguió jugueteando con el pañito en que reposaba el cenicero.

—Ya sé que esto va mal —dijo tocándose el pecho. Demasiado pronto, ¿verdad?

35 Me senté junto a su cabecera, palmoteándole la mano, extendida a lo largo del cuerpo.

—¿Qué tal has dormido?

—Mal.

8	Al trasluz *against the light*	22	ataúd *coffin*
17	ingenuas *naive*	24	entrañas *insides, (fig.) heart*
18	trastornándola (*trastornar*) to upset	28	llaga *sore, torment*
		36	a lo largo *along*

—Y ahora, ¿cómo te encuentras?

—No te esfuerces; me encuentro muy mal, y tú lo sabes tan bien como yo.

Me escocieron los ojos amargamente. Sentí un dolor que me agarrotaba anonadándome.

—No seas pesimista. Nunca lo has sido.

—Ni ahora lo soy tampoco. No es pesimismo ver que anochece, ni es optimismo comprobar que ahora mismo luce el sol. Tampoco es pesimismo pensar que mañana, quizá, este sol no alumbre para mí...

—Roque...

—Es verdad... No hay que tomar las cosas tan a pecho, y ya tiene ironía que lo diga yo, que estoy tuberculoso... Es un poco pronto: me parece a mí que es un poco pronto, pero ¿acaso sabemos nosotros cuándo es la hora en punto? ¿Eh? Contéstame; recuerda nuestras conversaciones de antes... Discute conmigo. Apenas tienes tiempo de hacerlo... ¿Sabemos nosotros cuándo están juntas las manillas de un reloj?

—No, Roque. No lo sabemos.

—El médico ha dicho que quizá operando... No tengo ninguna esperanza de sobrevivir a la operación. Prefiero, de verdad, morirme de muerte natural.

Quise cambiar de conversación.

—¿Necesitas algo? ¿Quieres que te haga alguna cosa? ¿Se te ocurre algo?

Roque sonrió con ese gesto suyo, incapaz de disimular lo que tenía por dentro. Su cara era puro espejo del alma. No cabía engaño. Le conocía bien. Era fácil de conocer, por otra parte.

—¡Necesito tantas cosas, se me ocurren tantas y tantas...! Si tú vieras... Siempre soñé con morir dejando por hacer la menor cantidad de cosas posible... Esto viene a ser lo que soñé, pero al revés... No sabría por dónde empezar si quisiera encargarte algo, y tampoco te lo encargaría, aunque supiera, porque lo que querría sería hacerlo yo mismo... Mira mis libros... Siguen en el suelo, ¿ves?... Ya no podré colocarlos en vasares, como ellos merecen... Esta noche, les he pedido perdón, uno a uno, por tenerlos así, en el suelo, sin respeto aparente, como cadáveres... Ya no me da tiempo...

2	No te esfuerces (esforzarse) *to exert oneself*	5	anonadándome (anonadar) *to overwhelm*
4	escocieron (escocer) *to sting*	12	tomar... a pecho *to take to heart*
5	agarrotaba (agarrotar) *to bind*	31	al revés *in the opposite way*
		35	vasares *shelves*

Ya no tengo fuerzas tampoco... Se me ha ido media vida por la boca
y la otra media no tardará mucho en reunirse son su compañera...

—...

—...Esos libros quedarán en el suelo. Llévate los que quieras.
5 Llévate lo que más te guste de cuanto encuentres escrito por mí, y
quémalo... Nadie se va a preocupar de ello... Mi madre, la pobre,
nunca entendió demasiado de letras, y, además, tiene muchas cosas
penosas en que pensar... Todo eso es tuyo, de verdad; a no ser que
sientas escrúpulos...

10 —No digas eso...

—Es natural. Sería lógico... Por eso te he dicho que los
quemases...

—...

—...Con libertad... Haz lo que quieras, de corazón... No es
15 hora de cumplidos... Te lo digo como lo siento...

Hablaba despacio, tranquilo, un poco fatigado, con una fatiga
que le hacía bonito el hablar; como más íntimo, como más sincero...
(Recordé: al hablar a algunas mujeres— años jóvenes, amor apasionado —la voz sale quebrada, vacilante; hay frases que duran una
20 eternidad, y el clima se hace denso...) La voz de Roque era así,
como enamorado, como de agonizante...

Sonó el silbato del cartero, estridente, y me sobresalté. Sen-
timos una silla que se arrastró, unos pasos, la puerta al abrirse, y, al
poco tiempo, otra vez la puerta cerrándose.

25 —¿Quién habrá escrito?

La madre de Roque entraba en aquel momento, tendiendo un
sobre a su hijo. Este lo tomó sin mirarlo y lo dejó sobre la cama,
junto a sus piernas. La madre volvió a salir, sin despegar los labios,
como un autómata.

30 —¿Quieres ver de quién es la carta y qué dice?

Cogí el sobre. Le dije que era de una editorial, y deseé no
tener necesidad de leer su contenido, presintiendo lo que vendría en
su interior. Pero Roque me instaba con la mirada a que abriera el
sobre y leyera la carta.

35 —«Muy señor mío —empecé—: En nuestro poder su atenta
del 17 del pasado, mes de agosto, en la que anuncia el envío de su
original, que se recibió con fecha 21 del mismo mes. Respecto a su
contenido, tenemos mucho gusto en comunicar a usted que po-

8	a no ser que *unless*	28	despegar *to open*
15	cumplidos *courtesy*	31	una editorial *a publishing house*
22	cartero *mailman*	33	instaba (instar) *to urge*
	me sobresalté (sobresaltarse) *to be startled*	36	envío *shipment*

demos editar su obra siempre que, como usted nos indicó, se sirva corregir aquello que estime oportuno. A estos efectos, anunciamos a usted el envío por correo aparte certificado, de sus folios, para que posteriormente se sirva devolvérnoslos y podamos empezar a tra-
5   bajar en su impresión. Aprovechamos gustosos esta oportunidad, para estrechar cordialmente su mano...»

—¡Roque! ¡¡Roque!!

Tenía los ojos plácidamente abiertos, opacos, tristes. Su cabeza inclinada hacia mí, era incapaz de sostenerse por sí sola. Acababa
10   de morir escuchando su primer triunfo. Había muerto con la angustia de no poder ver su primer libro impreso. No estaba empapado en sangre. Sin duda exageramos sobre todo aquello que no conocemos. Y porque me figuraba, instantáneamente, lo que esa carta podía haber representado en él, sentí que mis lágrimas caían mien-
15   tras cerraba sus ojos, secos ya, a todo llanto.

—Ya no hay que decirle nada, señora... —dije como pude. Roque... acaba de morir..., ahora mismo...

—Gracias... ¿Quisiera?... —y me tendió el último recibo de una compañía de pompas fúnebres.

20   —Sí, señora. Ya voy. Ahora mismo, sí; inmediatamente...

Inmediatamente. Ahora mismo. Ya voy. Hay algo que no se detiene. Que no se para. Que no distingue. La muerte. Yo la llevo conmigo. Llevo en el bolsillo el precio de un poco de tierra, y de unas tablas, y de un coche negro con ángeles barrocos en las esqui-
25   nas. La llevo en el bolso, y cuando meto la mano se me enfría el sudor. Y cuando llegue tendré que decir, «ha muerto uno de sus asegurados. Se llama Roque, y esta mañana, esta misma mañana, mientras le leía una carta que le hubiera podido hacer feliz, ha muerto de pena. ¿Ustedes lo comprenden? No. Ustedes miran úni-
30   camente si estaba al corriente en el pago de sus cuotas... Algún día para ustedes dejarán de tener importancia esos detalles; justamente cuando a alguien le interese saber si ustedes están al corriente en el pago de las suyas... Bueno, es igual. Ha muerto. Está en casa, esperando... Vayan por él, y si quieren, vayan también por su
35   madre, porque, si se fijan un poco, la verán tan muerta como al hijo. No dejen de ir. Inmediatamente. En seguida, ahora mismo, como yo he venido hasta ustedes...».

---

3   correo aparte certificado *separate certified mail*
15 a todo llanto *weeping uncontrollably*
19 pompas fúnebres *funerals*
24 tablas *slabs*

27 asegurados *those who are insured*
30 al corriente *on time, paid up*
35 se fijan (fijarse) *to notice*
36 No dejen de (dejar) *not to fail to*

EJERCICIOS

A.   Cuestionario

1.   ¿Durante qué temporada importante tuvo lugar el cuento?
2.   ¿Quién era Roque? ¿Por qué había llamado la madre de Roque al «narrador»?
3.   ¿Por qué sintió la madre ayer una ternura hacia el amigo de Roque que no sentía antes?
4.   ¿Por qué sentía el narrador cierta aprensión al acercarse a la casa de su amigo?
5.   ¿Sobre qué meditaba el narrador en su trayecto rumbo a la casa de Roque?
6.   ¿Por qué tenía miedo el amigo de subir al cuarto de Roque?
7.   ¿Por qué no podía la madre expresar sus sentimientos acerca de la enfermedad de Roque?
8.   ¿Por qué creía el narrador que era importante informarle a Roque de su condición?
9.   ¿Qué rasgos de la madre encontró el amigo más evidentes durante ese período de trastornos emocionales?
10.   ¿Qué sabía Roque de su propia condición?
11.   ¿Qué sueño había tenido Roque acerca de su modo de morir?
12.   ¿Qué le pidió Roque a su amigo que hiciera por él?
13.   ¿Cuál es la diferencia básica entre Roque y su madre?
14.   ¿Qué información contiene la carta que acaba de llegar de la editorial?
15.   ¿Había oído Roque la noticia importante antes de morir?
16.   ¿Adónde fue el amigo inmediatamente después de la muerte de Roque?
17.   ¿A qué se refiere el título de este cuento?

B.   Correcto — Incorrecto

1.   El amigo fue a ver a Roque porque quería ir a la feria con él.
2.   El narrador opina que la enfermedad y la muerte no se pueden evitar.
3.   El médico cree que no hay remedio para la enfermedad de Roque.
4.   La madre de Roque era una mujer bastante fuerte.
5.   Roque no tiene esperanzas de sobrevivir.
6.   Antes de morir, a Roque le queda mucho que hacer.

7. Roque habla rápido porque tiene muchas cosas que decir antes de morir.
8. Lo que recibió Roque en el correo eran buenas noticias.
9. Roque murió de una manera aterradora.
10. La madre de Roque tenía que arreglar las pompas fúnebres.

C. Eliminación

Escoja Ud. la palabra que no pertenece al grupo.

1. muerto, ataúd, umbral, pompas fúnebres
2. envío, ojos, garganta, pecho
3. penoso, ternura, sufrimiento, dolor
4. basar, sobre, carta, correo
5. editorial, impresión, libro, certificado

D. Selección de la Palabra Correspendiente

Escoja Ud. la palabra de la columna B que más se asocia con la palabra de la columna A.

	A		B
1.	ojos	a.	cama
2.	boca	b.	lágrimas
3.	reloj	c.	habitación
4.	puerta	d.	manillas
5.	conductor	e.	silbato
6.	cabecera	f.	umbral
7.	intestinos	g.	televisor
8.	pantalla	h.	camión
9.	comedor	i.	pararse
10.	detenerse	j.	entrañas

E. Traducción

Traduzca Ud. los pasajes siguientes.

1. «...Y su tono, su fría apariencia, su confundido acento, me comunicaron todo el profundo drama que aquella mujer sentía en sus entrañas, presintiendo la vida solitaria que tendría que iniciar dentro de poco, como resultado de toda una existencia despidiéndose de ilusión tras ilusión.»

2. «Hablaba despacio, tranquilo, un poco fatigado, con una fatiga que le hacía bonito el hablar; como más íntimo, como más sincero... (Recordé: al hablar a algunas mujeres —años jóvenes, amor apasionado— la voz sale quebrada, vacilante; hay frases que duran una eternidad, y el clima se hace denso...)»

3. «...Acababa de morir escuchando su primer triunfo. Había muerto con la angustia de no poder ver su primer libro impreso. No estaba empapado en sangre. Sin duda exageramos sobre todo aquello que no conocemos.»

F.   Composición y Discusión

1. Los problemas de publicar una obra
2. Los pensamientos de las personas que saben que van a morir pronto
3. Las ironías de la vida

GABRIEL GARCÍA MÁRQUEZ

Gabriel García Márquez nació en Aracataca, Colombia, en 1928. Estudió derecho por tres años en la Universidad Nacional de Bogotá, después de lo cual empezó su carrera en el campo del periodismo, escribiendo para el periódico «El Espectador» de Bogotá. Pronto después llegó a ser corresponsal en Roma de «El Espectador». En 1957 regresó a Colombia y comenzó sus viajes por muchos de los países de Sudamérica. Actualmente vive en Barcelona, España.

El Sr. García Márquez se embarcó en su carrera literaria publicando varios cuentos en revistas y periódicos, y en 1955 publicó una novela, La Hojarasca *y en 1961 otra novela* El coronel no tiene quien le escriba. *En 1962 publicó una colección de cuentos,* Los funerales de la mamá grande *en la cual aparece el cuento «La prodigiosa tarde de Baltazar». La obra más importante del Sr. García Márquez es la novela* Cien años de Soledad, *publicada en 1967. Con esta obra el Sr. García Márquez ganó el «Premio Francés du Meilleur Livre Etranger» y el «Premio italiano Chianciano». En 1972 el Sr. García Márquez escribió una nueva colección de cuentos,* La increíble y triste historia de la Cándida Eréndira y de su abuela desalmada. *En 1972 el Sr. García Márquez ganó el «Premio Caracas» y en el mismo año ganó el premio «Books Abroad Neustadt International Prize».*

El Sr. García Márquez goza de gran prestigio como uno de los más eminentes novelistas de la Hispanoamérica contemporánea.

La prodigiosa tarde
de Baltazar

L a jaula estaba terminada. Baltazar la colgó en el alero, por la fuerza de la costumbre, y cuando acabó de almorzar ya se decía por todos lados que era la jaula más bella del mundo. Tanta gente vino a verla, que se formó un tumulto frente a la casa, y Baltazar tuvo que descolgarla y cerrar la carpintería.

—Tienes que afeitarte —le dijo Ursula, su mujer—. Pareces un capuchino.

—Es malo afeitarse después del almuerzo —dijo Baltazar.

Tenía una barba de dos semanas, un cabello corto, duro y parado como las crines de un mulo, y una expresión general de muchacho asustado. Pero era una expresión falsa: En febrero había cumplido 30 años, hacía 4 años que vivía con Ursula, sin casarse y sin tener hijos, y la vida le había dado muchos motivos para estar alerta, pero ninguno para estar asustado. Ni siquiera sabía que para algunas personas, la jaula que acababa de hacer era la más bella del mundo. Para él, acostumbrado a hacer jaulas desde niño, aquel había sido apenas un trabajo más arduo que los otros.

—Entonces repósate un rato —dijo la mujer—. Con esta barba no puedes presentarte en ninguna parte.

Mientras reposaba tuvo que abandonar la hamaca varias veces para mostrar la jaula a los vecinos. Ursula no le había prestado atención hasta entonces. Estaba disgustada porque su marido había descuidado el trabajo de la carpintería para dedicarse por entero a la jaula, y durante dos semanas había dormido mal, dando tumbos y hablando disparates, y no había vuelto a pensar en afeitarse. Pero el disgusto se disipó ante la jaula terminada. Cuando Baltazar despertó de la siesta, ella le había planchado los pantalones y

1	jaula *cage*	11	crines *mane*
	alero *eave*	15	Ni siquiera *not even*
3	por todos lados *everywhere*	19	repósate (reposarse) *to rest*
8	capuchino *hooded monk with beard*	25	dando (dar) tumbos *to toss*
11	parado *straight up*	26	disparates *nonsense*

una camisa, los había puesto en una silla junto a la hamaca, y había llevado la jaula a la mesa del comedor. La contemplaba en silencio.

—¿Cuánto vas a cobrar? —preguntó.

5 —No sé —contestó Baltazar—. Voy a pedir treinta pesos para ver si me dan veinte.

—Pide cincuenta —dijo Ursula—. Has trabajado mucho en estos quince días. Además, es bien grande. Creo que es la jaula más grande que he visto en mi vida.

10 Baltazar empezó a afeitarse.

—¿Crees que me darán los cincuenta pesos?

—Eso no es nada para don Chepe Montiel, y la jaula los vale —dijo Ursula—. Debías pedir sesenta.

La casa yacía en una sombra sofocante. Era la primera semana
15 de abril y el calor parecía menos soportable por el pito de las chicharras. Cuando acabó de vestirse, Baltazar abrió la puerta del patio para refrescar la casa, y un grupo de niños entró en el comedor.

La noticia se había extendido. El doctor Octavio Giraldo, un
20 médico viejo, contento de la vida pero cansado de la profesión, pensaba en la jaula de Baltazar mientras almorzaba con su esposa inválida. En la terraza interior donde ponían la mesa en los días de calor, había muchas macetas con flores y dos jaulas con canarios. A su esposa le gustaban los pájaros, y le gustaban tanto que odiaba
25 a los gatos porque eran capaces de comérselos. Pensando en ella, el doctor Giraldo fue esa tarde a visitar a un enfermo, y al regreso pasó por la casa de Baltazar a conocer la jaula.

Había mucha gente en el comedor. Puesta en exhibición sobre la mesa, la enorme cúpula de alambre con tres pisos interiores, con
30 pasadizos y compartimientos especiales para comer y dormir, y trapecios en el espacio reservado al recreo de los pájaros, parecía el modelo reducido de una gigantesca fábrica de hielo. El médico la examinó cuidadosamente, sin tocarla, pensando que en efecto aquella jaula era superior a su propio prestigio, y mucho más bella
35 de lo que había soñado jamás para su mujer.

—Esto es una aventura de la imaginación —dijo. Buscó a Baltazar en el grupo, y agregó, fijos en él sus ojos maternales—: Hubieras sido un extraordinario arquitecto.

4	cobrar	*to charge*	23	macetas	*flowerpots*
14	yacía (yacer)	*to be situated, to lie*	29	alambre	*wire*
15	pito	*whistle*	30	pasadizos	*narrow passages*
	chicharras	*crickets*	31	trapecios	*trapeze*

Baltazar se ruborizó.

—Gracias —dijo.

—Es verdad —dijo el médico. Tenía una gordura lisa y tierna como la de una mujer que fue hermosa en su juventud, y unas manos delicadas. Su voz parecía la de un cura hablando en latín.

—Ni siquiera será necesario ponerle pájaros —dijo, haciendo girar la jaula frente a los ojos del público, como si la estuviera vendiendo—. Bastará con colgarla entre los árboles para que cante sola. —Volvió a ponerla en la mesa, pensó un momento, mirando la jaula, y dijo:

—Bueno, pues me la llevo.

—Está vendida —dijo Ursula.

—Es del hijo de don Chepe Montiel —dijo Baltazar—. La mandó a hacer expresamente.

El médico asumió una actitud respetable.

—¿Te dio el modelo?

—No —dijo Baltazar—. Dijo que quería una jaula grande, como esa, para una pareja de turpiales.

El médico miró la jaula.

—Pero ésta no es para turpiales.

—Claro que sí, doctor —dijo Baltazar, acercándose a la mesa. Los niños lo rodearon. —Las medidas están bien calculadas —dijo, señalando con el índice los diferentes compartimientos. Luego golpeó la cúpula con los nudillos, y la jaula se llenó de acordes profundos.

—Es el alambre más resistente que se puede encontrar, y cada juntura está soldada por dentro y por fuera —dijo.

—Sirve también para un loro —intervino uno de los niños.

—Así es —dijo Baltazar.

El médico movió la cabeza.

—Bueno, pero no te dio el modelo —dijo—. No te hizo ningún encargo preciso, aparte de que fuera una jaula grande para turpiales. ¿No es así?

—Así es —dijo Baltazar.

—Entonces no hay problema —dijo el médico—. Una cosa es una jaula grande para turpiales y otra cosa es esta jaula. No hay pruebas de que sea ésta la que te mandaron hacer.

---

1   se ruborizó (ruborizarse) *to blush*
3   gordura lisa y tierna *smooth and soft corpulence*
18 pareja de turpiales *pair of troopials (birds)*
24 nudillos *knuckles*
27 juntura *joint*
28 loro *parrot*

—Es esta misma —dijo Baltazar, ofuscado—. Por eso la hice.

El médico hizo un gesto de impaciencia.

—Podrías hacer otra —dijo Ursula, mirando a su marido. Y después, hacia el médico—: Usted no se preocupe.

5 —Se la prometí a mi mujer para esta tarde —dijo el médico.

—Lo siento mucho, doctor —dijo Baltazar—, pero no se puede vender una cosa que ya está vendida.

El médico se encogió de hombros. Secándose el sudor del cuello con un pañuelo, contempló la jaula en silencio, sin mover la

10 mirada de un mismo punto indefinido, como se mira un barco que se va.

—¿Cuánto te dieron por ella?

Baltazar miró a Ursula sin responder.

—Sesenta pesos —dijo ella.

15 El médico siguió mirando la jaula.

—Es muy bonita —suspiró—. Sumamente bonita.

Luego, moviéndose hacia la puerta, empezó a abanicarse con energía, sonriente, y el recuerdo de aquel episodio desapareció para siempre de su memoria.

20 —Montiel es muy rico —dijo.

En verdad, José Montiel no era tan rico como parecía, pero había sido capaz de todo por llegar a serlo. A pocas cuadras de allí, en una casa atiborrada de arneses donde nunca se había sentido un olor que no se pudiera vender, permanecía indiferente a la nove-

25 dad de la jaula. Su esposa, torturada por la obsesión de la muerte, cerró puertas y ventanas después del almuerzo y yació dos horas con los ojos abiertos en la penumbra del cuarto, mientras José Montiel dormía la siesta.

Así la sorprendió un alboroto de muchas voces. Entonces abrió

30 la puerta de la sala y vio un tumulto frente a la casa, y a Baltazar con la jaula en medio del tumulto, vestido de blanco y acabado de afeitar, con esa expresión de decoroso candor con que los pobres llegan a la casa de los ricos.

—¡Qué cosa tan maravillosa! —exclamó la esposa de José

35 Montiel, con una expresión radiante, conduciendo a Baltazar hacia el interior—. No había visto nada igual en mi vida —dijo, y agregó, indignada con la multitud que se agolpaba en la puerta—:

1	ofuscado (ofuscar) *confused*	23	atiborrada (atiborrar) *to pack*
8	se encogió (encogerse) de hombros		arneses *furniture*
	to shrug one's shoulders	37	se agolpaba (agolpar) *to crowd*
17	abanicarse *to fan oneself*		

Pero llévesela para adentro que nos van a convertir la sala en una gallera.

Baltazar no era un extraño en la casa de José Montiel. En varias ocasiones, había sido llamado para hacer trabajos de car-
5 pintería menor. Pero nunca se sintió bien entre los ricos. Solía pensar en ellos, en sus mujeres feas y conflictivas, en sus tremendas operaciones quirúrgicas, y experimentaba siempre un sentimiento de piedad. Cuando entraba en sus casas no podía moverse sin arrastrar los pies.
10 —¿Está Pepe? —preguntó.

Había puesto la jaula en la mesa del comedor.

—Está en la escuela —dijo la mujer de José Montiel—. Pero ya no debe tardar. —Y agregó: —Montiel se está bañando.

En realidad José Montiel no había tenido tiempo de bañarse.
15 Se estaba dando una urgente fricción de alcohol alcanforado para salir a ver lo que pasaba. Era un hombre tan prevenido, que dormía sin ventilador eléctrico para vigilar durante el sueño los rumores de la casa.

—Adelaida —gritó—. ¿Qué es lo que pasa?
20 —Ven a ver qué cosa tan maravillosa —gritó su mujer.

José Montiel, corpulento y peludo, la toalla colgada en la nuca, apareció por la ventana del dormitorio.

—¿Qué es eso?

—La jaula de Pepe —dijo Baltazar.
25 La mujer lo miró perpleja.

—¿De quién?

—De Pepe —confirmó Baltazar. Y después dirigiéndose a José Montiel—: Pepe me la mandó a hacer.

Nada ocurrió en aquel instante, pero Baltazar se sintió como si
30 le hubieran abierto la puerta del baño. José Montiel salió en calzoncillos del dormitorio.

—Pepe —gritó.

—No ha llegado —murmuró su esposa, inmóvil.

Pepe entró por la puerta. Tenía doce años y las mismas pes-
35 tañas rizadas y el quieto patetismo de su madre.

—Ven acá —le dijo José Montiel—. ¿Tú mandaste a hacer esto?

2 gallera *cockfighting ring*
5 Solía (soler) *to be accustomed to*
7 quirúrgicas *surgical*
15 urgente fricción de alcohol
15 alcanforado *a brisk rub of alcohol*
34 pestañas rizadas *curled eyelashes*
35 patetismo *pathos*

El niño bajó la cabeza. Agarrándolo por el cabello, José Montiel lo obligó a mirarlo a los ojos.

—Contesta.

El niño se mordió los labios sin responder.

5 —Montiel —susurró la esposa.

José Montiel soltó al niño y se volvió hacia Baltazar con una expresión exaltada.

—Lo siento mucho, Baltazar —dijo—. Pero has debido consultarlo conmigo antes de proceder. Sólo a ti se te ocurre contratar 10 con un menor. —A medida que hablaba, su rostro fue recobrando la serenidad. Levantó la jaula sin mirarla y se la dio a Baltazar.

—Llévatela en seguida y trata de vendérsela a quien puedas —dijo—. Sobre todo, te ruego que no me discutas. —Le dio una palmadita en la espalda, y explicó: —El médico me ha prohibido 15 coger rabia.

El niño había permanecido inmóvil hasta que Baltazar lo miró perplejo con la jaula en la mano. Entonces emitió un sonido gutural, como el ronquido de un perro, y se lanzó al suelo dando gritos.

José Montiel lo miraba impasible, mientras la madre trataba de 20 calmarlo.

—No lo levantes —dijo—. Déjalo que se rompa la cabeza contra el suelo y después le echas sal y limón para que rabie con gusto.

El niño chillaba sin lágrimas, mientras su madre lo sostenía 25 por las muñecas.

—Déjalo —insistió José Montiel.

Baltazar observó al niño como hubiera observado la agonía de un animal contagioso. Eran casi las cuatro. A esa hora, en su casa, Ursula cantaba una canción muy antigua, mientras cortaba reba- 30 nadas de cebolla.

—Pepe —dijo Baltazar.

Se acercó al niño, sonriendo, y le ofreció la jaula. El niño se incorporó de un saltó, abrazó la jaula, que era casi tan grande como él, y se quedó mirando a Baltazar sin saber qué decir. No había 35 derramado una lágrima.

—Baltazar —dijo Montiel, suavemente—. Ya te dije que te la lleves.

—Devuélvela —ordenó la mujer al niño.

5	susurró (susurrar) *to murmur*	25	muñecas *wrists*
15	coger rabia *to get angry*	29	rebanadas de cebolla *onion slices*
18	ronquido *snore, harsh sound*	32	se incorporó (incorporarse) *to sit-up*
24	chillaba (chillar) *to scream*		

—Quédate con ella —dijo Baltazar. Y luego, a José Montiel—: Al fin y al cabo, para eso la hice.

José Montiel lo persiguió hasta la sala.

—No seas tonto, Baltazar —decía, cerrándole el paso—.
5 Llévate tu trasto para la casa y no hagas más tonterías. No pienso pagarte ni un centavo.

—No importa —dijo Baltazar—. La hice expresamente para regalársela a Pepe. No pensaba cobrar nada.

Cuando Baltazar se abrió paso a través de los curiosos que
10 bloqueaban la puerta, José Montiel daba gritos en el centro de la sala. Estaba muy pálido y sus ojos empezaban a enrojecer.

—Estúpido —gritaba—. Llévate tu cacharro. Lo último que faltaba es que un cualquiera venga a dar órdenes en mi casa. ¡Carajo!

15 En el salón de billar recibieron a Baltazar con una ovación. Hasta ese momento, pensaba que había hecho una jaula mejor que las otras, que había tenido que regalársela al hijo de José Montiel para que no siguiera llorando, y que ninguna de esas cosas tenía nada de particular. Pero luego se dio cuenta de que eso tenía cierta
20 importancia para muchas personas, y se sintió un poco excitado.

—De manera que te dieron cincuenta pesos por la jaula.

—Sesenta —dijo Baltazar.

—Hay que hacer una raya en el cielo —dijo alguien—. Eres el único que ha logrado sacarle ese montón de plata a don Chepe
25 Montiel. Esto hay que celebrarlo.

Le ofrecieron una cerveza, y Baltazar correspondió con una tanda para todos. Como era la primera vez que bebía, al anochecer estaba completamente borracho, y hablaba de un fabuloso proyecto de mil jaulas de a sesenta pesos, y después de un millón de jaulas
30 hasta completar sesenta millones de pesos.

—Hay que hacer muchas cosas para vendérselas a los ricos antes que se mueran —decía, ciego de la borrachera—. Todos están enfermos y se van a morir. Como estarán de jodidos que ya ni siquiera pueden coger rabia.

35 Durante dos horas el tocadiscos automático estuvo por su cuenta tocando sin parar. Todos brindaron por la salud de Baltazar,

4	cerrándole (cerrar) el paso *to cut one off, to block one's way*	23	Hay que hacer una raya en el cielo *Thank God, Praise the Lord*
5	trasto *piece of junk*	27	tanda *round (of drinks)*
12	cacharro *worthless object*	28	borracho *drunk*
13	un cualquiera *a nobody*	33	jodidos *screwed*
14	¡Carajo! *son-of-a-bitch*	35	por su cuenta *by itself*
21	De manera que *so that, so then*	36	brindaron (brindar) *to toast*

por su suerte y su fortuna, y por la muerte de los ricos, pero a la hora de la comida lo dejaron solo en el salón.

Ursula lo había esperado hasta las ocho, con un plato de carne frita cubierto de rebanadas de cebolla. Alguien le dijo que su marido
5 estaba en el salón de billar, loco de felicidad, brindando cerveza a todo el mundo, pero no lo creyó porque Baltazar no se había emborrachado jamás. Cuando se acostó, casi a la medianoche, Baltazar estaba en un salón iluminado, donde había mesitas de cuatro puestos con sillas alrededor, y una pista de baile al aire libre, por
10 donde se paseaban los alcaravanes. Tenía la cara embadurnada de colorete, y como no podía dar un paso más, pensaba que quería acostarse con dos mujeres en la misma cama.

Había gastado tanto, que tuvo que dejar el reloj como garantía, con la obligación de pagar al día siguiente. Un momento después,
15 despatarrado por la calle, se dio cuenta de que le estaban quitando los zapatos, pero no quiso abandonar el sueño más feliz de su vida. Las mujeres que pasaron para la misa de cinco no se atrevieron a mirarlo, creyendo que estaba muerto.

9	pista de baile *dance floor*	15	despatarrado (despatarrar)
10	alcaravanes *bitterns (wading birds)*		*to fall to the ground with legs*
	embadurnada de colorete *soiled*		*widespread*
	with rouge		

EJERCICIOS

A. Cuestionario

1. ¿Por qué vino tanta gente a la casa de Baltazar?
2. ¿Cómo es la jaula que hizo Baltazar?
3. ¿Cómo es la apariencia física de Baltazar?
4. ¿Cuántos años cumplió Baltazar en febrero?
5. ¿Por qué estaba disgustada Ursula?
6. ¿En qué mes tiene lugar la historia?
7. ¿Cuánto va a cobrar por la jaula Baltazar?
8. ¿Por qué no podía vendérsela al médico?
9. ¿Por qué quiere comprarla el médico?
10. ¿Por qué quiere la jaula Pepe?
11. ¿Cómo es José Montiel?
12. ¿Cómo reaccionó la esposa de Montiel al ver la jaula?
13. ¿Cómo se sentía Baltazar en casa de los ricos?

14. ¿Por qué no puede coger rabia Montiel?
15. ¿Por qué lloraba Pepe?
16. ¿Qué hizo Baltazar con la jaula?
17. ¿Por qué daba gritos Montiel?
18. ¿Cómo recibieron a Baltazar en el salón de billar?
19. ¿Qué creen los amigos de Baltazar?
20. ¿Cómo pasó la noche Baltazar?

B. Correcto — Incorrecto

1. Baltazar se casó con Ursula hace cuatro años.
2. El médico compró la jaula por setenta pesos.
3. Le gustaban mucho los pájaros a la esposa del doctor.
4. José Montiel llamó a Baltazar porque le interesaba mucho la jaula.
5. Baltazar nunca había entrado en la casa de Montiel.
6. Pepe era un niño de unos doce años.
7. Montiel no se enojó porque le gustaba mucho la jaula a Pepe.
8. Todos brindaron por Baltazar hasta la madrugada.
9. Ursula también celebró con un plato de carne frita con rebanadas de cebolla.
10. Esa noche Baltazar se acostó con dos mujeres.

C. Vocabulario

Seleccione Ud. la palabra del grupo B que más se relaciona con la frase del grupo A.

A		B	
1.	mucha gente causa un	a.	una pareja
2.	una persona que vive muy cerca de otra	b.	arneses
3.	cosas estúpidas	c.	un ronquido
4.	dos cosas semejantes	d.	llorar
5.	muebles de casa	e.	un pájaro
6.	un ruido áspero	f.	abrir
7.	chillar se relaciona con la palabra	g.	tumulto
8.	lo opuesto a cerrar es	h.	enfermos
9.	un loro es	i.	vecino
10.	el médico cura a los	j.	atiborrada
		k.	disparates
		l.	medidas

D. Eliminación

Elimine Ud. la palabra que no pertenece al grupo.

1. reposar, descansar, yacer, levantarse
2. cacharro, bella, hermosa, bonita
3. arduo, difícil, fácil, trabajoso
4. loro, canarios, pájaro, chicharra
5. marido, nudillo, esposa, mujer
6. felicidad, morder, excitado, gusto
7. silencio, rumores, acordes, sonido
8. encargo, abanicar, ordenar, mandar
9. barba, cabello, nuca, peludo
10. espalda, hombros, cabeza, trasto

E. Traducción

Traduzca Ud. los pasajes siguientes.

1. «Para él, acostumbrado a hacer jaulas desde niño, aquel había sido apenas un trabajo más arduo que los otros.»

2. «Cuando Baltazar despertó de la siesta, ella le había planchado los pantalones y una camisa, los había puesto en un asiento junto a la hamaca, y había llevado la jaula a la mesa del comedor.»

3. «El médico la examinó cuidadosamente, sin tocarla, pensando que en efecto aquella jaula era superior a su propio prestigio, y mucho más bella de lo que había soñado jamás para su mujer.»

4. «El niño había permanecido inmóvil hasta que Baltazar lo miró perplejo con la jaula en la mano. Entonces emitió un sonido gutural, como un ronquido de un perro, y se lanzó al suelo dando gritos.»

F. Composición y Discusión

1. Visión de la vida según el rico y según el pobre
2. El vicio del alcohol
3. Cómo disciplinar a los niños

ALFREDO CARDONA PĒNA

Alfredo Cardona Peña nació en San José, Costa Rica, en 1917. En 1934 se trasladó a la República de El Salvador donde obtuvo su Bachillerato en Ciencias y Letras y se inició en el periodismo. En 1938 viajó a México, en donde reside desde entonces. Ha sido Profesor de Literatura Española en la Universidad Nacional de México (Escuela de Verano), y ha colaborado en numerosos periódicos de México, Centro y Sudamérica. Más conocido como poeta, tiene el «Premio Continental de Poesía» otorgado en 1951 por el Ateneo Americano de Washington. Desde 1947 escribe cuentos de ficción (misterio y horror). Muchos editores lo han señalado como «un maestro de lo fantástico».

Entre las muchas obras del Sr. Cardona Peña están incluidas las siguientes: La máscara que hablaba, *1944,* Alfonso Reyes en la poesía, *1956,* Poema del retorno *(premio «Aquileo J. Echeverría») 1962,* Cuentos de magia, de misterio y de horror, *1966,* El mundo que tú eres, *1969, y* Fábula Contada, *1972.*

El Sr. Cardona Peña sigue escribiendo cuentos fantásticos en forma abundante, muchos de los cuales aparecen en el periódico «Excelsior». Su último libro poético, Asamblea Plenaria *apareció en agosto de 1976. Actualmente prepara otros trabajos,* Selecciones Fantásticas *y* La entrevista literaria y cultural *que se publicarán pronto. Varias obras del Sr. Cardona Peña han sido traducidas al inglés y al alemán.*

Los astros no saben mentir

Con fina emoción, la duquesa arrancó una hoja del calendario y descubrió la nueva fecha, que era primero de diciembre de 1888. Entonces reunió a los criados en la terraza de su castillo y les dijo, mientras aspiraba un fragante jazmín:

—Os he reunido para deciros que el señor Asuero, mi astrólogo, ha comunicado que este mes moriré. Por lo tanto, queda prohibido desde este momento hablar en voz alta, solicitar días libres y discutir las órdenes que se den, por extrañas que parezcan. Eso es todo.

Cayetano, el viejo mayordomo, la anciana cocinera y una joven doncella se retiraron con una inclinación.

La vida de la duquesa parecía alentada por una fuerza trágica. Desde que perdió a su marido y a sus tres hijos en una catástrofe ferroviaria, clausuró definitivamente la vida social y se rodeó de sombras. Pero leyó en un periódico los servicios profesionales del señor Asuero, y fascinada por la posibilidad de conocer el origen de su desdicha, lo mandó a llamar para que le leyese las estrellas. El señor Asuero lo hizo muy bien. Determinó el estado del cielo basándose en la fecha de nacimiento de los desaparecidos, levantó sus horóscopos y demostró que el día del desastre los signos eran funestos y terribles. La duquesa, que no tenía parientes, se interesó por la astrología a fin de consolar su soledad, pagando con liberalidad a su instructor. Pero un día descubrió que los astros no saben mentir, y se decidió a actuar.

Al día siguiente de la reunión en la terraza, Cayetano le llevó el desayuno en la mesita rodante que todas las mañanas colocaba al

---

mentir   *to lie* (title)
7   Por lo tanto   *therefore*
11   mayordomo   *steward, main servant*
13   alentada   *inspired*
15   ferroviaria   *railway*

15   clausuró *(clausurar)*   *to cloister*
20   los desaparecidos   *those who have died*
23   a fin de   *for the purpose of*
27   mesita rodante *table on wheels*

borde de la cama, y observó que la duquesa leía las «Centuries» de Nostradamus.

—¿No se habrá equivocado el señor Asuero? —preguntó con una gran timidez.

5 —Parece que no —contestó la noble señora, sin levantar los ojos del libro—. Aparte de los horóscopos que me hizo, en todo conformes a los hechos que me laceran, él pronosticó la vocación religiosa de mi prima Diana, y predijo el matrimonio del barón de Peñafiel con una cantante negra; hace pocos meses anticipó la 10 quiebra de la casa Monforte, lo que motivó la adquisición de este castillo.

—La señorita Diana —dijo Cayetano con una voz acongojada por el respeto—, desde niña fue una santa; el barón de Peñafiel tiene, con perdón, fama de aventurero, y en cuanto a la casa Mon- 15 forte, ya se sabía que andaba mal.

—Cayetano, los astros no saben mentir. Nosotros sí. Soy una apasionada de la verdad, tan empañada por la maldad y tan defendida por los valientes. Además...

—Continúe, señora, duquesa.

20 —No podría dejar de morir a mi hora, porque sería tanto como defraudar al destino.

Al escuchar esta frase, el mayordomo comprendió el gran peligro, y pidió permiso para salir. Pero ya en el umbral, se volvió y dijo:

25 —Señora duquesa: suponiendo que llegase el treinta y uno de diciembre, y... no pasara nada... ¿qué haría usted?

—Una cena íntima para aclararlo todo, Cayetano.

Meneando tristemente la cabeza, el mayordomo abandonó el dormitorio.

30 Cuando llegó el día último, el buen criado se esforzó por cumplir los deseos de la duquesa hasta en sus últimos detalles. Arregló la casa con una elegancia sin comparación. Relucían los candelabros y la vajilla china, de la más sonora porcelana; al fondo había cortinajes negros, y el centro acaparaba la atención con un macizo de 35 rosas blancas. Esa noche de San Silvestre era tan definitiva para su ama, que el lujo casi resultaba un exceso de piedad. El odio instintivo hacia el señor Asuero (que era el único invitado), y la piedad y

---

10 quiebra *bankruptcy*
12 acongojada *vexed, afflicted*
14 en cuanto a *with regards to*
17 empañada *tarnished, dulled*

28 Meneando (menear) *to move from side to side*
33 vajilla *table setting of dishes*
      sonora *resounding*
34 acaparaba (acaparar) *to engross*

el respeto inmensos que sentía por la duquesa, los manifestó poniendo en el sitio de aquél un plato levemente desportillado, detalle que, precisamente por inadvertido, podría tomarse como el símbolo de su fidelidad acrisolada. Cuando todo estuvo listo, bajó la anfitriona en bata de casa a echar un vistazo, recomendando a los criados que, después de servir los aperitivos, podrían abandonar el castillo, lo que no dejó de causar extrañeza. Luego recorrió la mesa, y notó que resultaba grande para dos personas.

—Esos espacios no me gustan, Cayetano; habrá que llenarlos con algo...

Tuvo una inspiración, y agregó rápidamente:

—Tráigame el diccionario de sentencias latinas.

Cuando Cayetano regresó con el libro, la duquesa revolvió varias páginas, y deteniéndose en una línea, exclamó:

—¡Ya está! ¡Es la frase indicada! Cayetano, ahora necesito un plato con pétalos rojos del jardín.

La desusada orden fue cumplida, y entonces la duquesa fue formando, con los pétalos en el blanco mantel, esta leyenda: «nod quod di omen advertant.»

—¿Le gusta, Cayetano? ¿Sabe lo que significa?

—No, señora duquesa.

—Significa: que los dioses no alejen este presagio. Lo he «arreglado» a mi modo.

Al mayordomo le dio vuelco el corazón, pero no dijo nada.

Cerca de las diez llegó el señor Asuero. Era un hombre calvo, fornido, de ojos inquietos.

—¿Cómo se encuentra la señora duquesa? —preguntó mientras el mayordomo le ayudaba a quitarse el abrigo.

—Bien, señor; pero...

—Supongo que no habrá tomado al pie de la letra mi vaticinio. Esas cosas pueden suceder, o no, ya que los astros...

—Señor, temo que sea demasiado tarde.

—¿Cómo? ¿Qué dice usted?

—Según mis observaciones, está convencida de que esta noche morirá.

La respuesta del señor Asuero no pudo exteriorizarse porque

2	desportillado *chipped*	22	presagio *omen*
4	acrisolada *tried, reliable, pure*	24	vuelco *upset*
	anfitriona *lavish hostess*	30	al pie de la letra *literally*
5	bata de casa *housecoat*		vaticinio *prophecy*
	echar un vistazo *to look around, to cast a glance*	36	exteriorizarse *to make known*

en ese momento la dama iba bajando la escalinata. Vestía un traje de seda negra, ajustado, con un enorme lazo en la cadera izquierda; como único adorno, además de su sortija de brillantes, llevaba un collar de plata con los doce signos del zodíaco.

5   —Creáme —le dijo el señor Asuero al besarle la mano— que estoy muy apenado por mi vaticinio. Francamente, yo...

    —¡Bah! No se preocupe. Hizo usted un magnífico trabajo. El horóscopo es tan completo que sería una lástima «no cumplirlo».

    —Sin embargo, no he descartado la posibilidad de que Aries,
10 que domina «la casa de la vida», determine un cambio en sus círculos de posición, en cuyo caso Piscis y Escorpión tendrían que batirse en retirada.

    —No lo creo, y, además, ya no hay tiempo. Repito que para mí sería un placer confirmar en alguna forma su horóscopo.

15   Todo esto lo decían pasando al recibidor, donde se sentaron a conversar. La doncella trajo un servicio de copas.

    —No quisiera —dijo Asuero— que tomara estas cosas tan a pechos, como... digamos... como Septimio Severo.

    —¿De veras? ¿Y qué hizo el emperador romano?

20   —Se casó con Julia porque a esa mujer dijo un astrólogo que se uniría a un emperador.

    —¡Ja, ja, ja! Parece que yo... me casaré con la muerte.

    Había un extraño fulgor en la mirada de la dama, y Asuero comenzó a inquietarse. Llegó el momento de pasar a la mesa, y en
25 el comedor leyó el hombre el mensaje de los pétalos rojos, femeninamente dispuestos sobre el mantel.

    —Esta sentencia ha sido alterada —observó—. La clásica dice, si mal no recuerdo, «que los dioses alejen este presagio.» Por lo demás, es un bello detalle escribir con pétalos el pensamiento de los
30 antiguos.

    —Tiene usted razón —aclaró ella con una sonrisa—, pero yo le he agregado intencionalmente un adverbio de negación para demostrar cómo unas simples letras son capaces de cambiar por completo el sentido de una idea. Si esto sucede con la escritura, figúrese
35 usted lo que ocurriría en los astros, si alguno adulterase sus posiciones. No, no quiero que los dioses ahuyenten este presagio. ¡Quiero que se cumpla!

2	ajustado *just right, perfect*	12	batirse *to strike each other*
	cadera *hip*	36	ahuyenten (ahuyentar) *to drive*
	sortija de brillantes *diamond ring*		*away*
	he descartado (descartar)		
	to dismiss		

Asuero estaba ya completamente nervioso, y, para decir algo, para desviar la atención, comenzó a decir:

—Eudosio de Cnido, autor de la teoría de las esferas concéntricas...

5 Pero fue interrumpido tajantemente por la duquesa, que ordenó:

—¡Cayetano! ¡Traiga la píldora que dejé en el tocador!

El mayordomo, como un autómata, subió la escalera, y entonces Asuero, mirando fijamente a la anfitriona, decidió aclarar la situación.

10 —Señora duquesa, ya que está tan decidida a hacer de mi horóscopo un irrefutable cumplimiento, permítame recordarle lo prometido.

—¡Ah, sí! Pero ha habido un pequeño cambio: después de mi muerte, este castillo no será entregado a usted, sino a las Hermanas del Asilo de San Vicente.

15 Asuero perdió los estribos.

—¡Está bien! ¡Está bien! —manoteó—. Para una histérica era necesario un farsante, y aquí me tiene usted. No sufra usted, que no morirá ni hoy ni mañana. ¡Y al diablo con los horóscopos!

20 La duquesa, pálida, apretó fuertemente la servilleta, pero, sobreponiéndose, le lanzó a la cara una horrible carcajada:

—¿Usted cree que yo no lo sabía? ¿Usted cree que los astros saben mentir?

25 En ese momento llegó el mayordomo con un platito de bronce, y en el centro una píldora blanca, redonda, del tamaño de una bolita de naftalina.

—Ya no la quiero, Cayetano. —Y tras unos segundos, que pasaron como serpientes, agregó con voz terrible—: ¡Désela al señor astrólogo!

30 El criado avanzó hacia el aludido que, perplejo, colérico, arrastró violentamente la silla hacia atrás, gritando:

—¡Un momento, duquesa! ¡Yo no admito estos juegos!

—¡Tómesela! —ordenó por primera vez Cayetano, mientras le apuntaba con una pistola.

35

5	tajantemente *sharply*	21	sobrepondiéndose (sobreponerse)
7	tocador *dressing room*		*to keep control of oneself*
17	perdió (perder) los estribos	22	carcajada *burst of laughter,*
	to lose one's head		*cackle*
19	farsante *fake, farce actor*	26	tamaño *size*
		31	el aludido *the one referred to*

—Pero...

—¡Tómesela! —Y amartilló el arma.

Asuero, pálido, tembloroso, se llevó la píldora a la boca. Luego se levantó con los ojos desorbitados, quiso dar un paso y cayó
5 pesadamente.

—Cayetano, no toque nada y apague las luces —dijo con serenidad la duquesa—. Mañana temprano tendremos que visitar a la policía.

---

2 amartilló (amartillar)   5 pesadamente *heavily*
   to cock *(a gun)*

EJERCICIOS

A. Cuestionario

1. Cuando la duquesa reunió a los criados de su casa, ¿de qué les informó?
2. ¿Cómo habían muerto el marido y los hijos de la duquesa?
3. ¿Cómo era la vida de la duquesa después de la tragedia de su familia?
4. ¿Por qué se interesó tanto la duquesa en las estrellas?
5. ¿Por qué tenía la duquesa tanta fe en el señor Asuero?
6. ¿Por qué dijo la duquesa que no podría dejar de morir?
7. ¿Cómo eran los preparativos para la visita del señor Asuero?
8. ¿Cómo expresaron los criados su odio hacia el señor Asuero?
9. ¿Para qué pidió la duquesa que Cayetano trajera el diccionario latino?
10. ¿Cómo se traduce al inglés «nod quod di omen advertant»?
11. ¿Por qué agregó la duquesa la palabra «no» a la sentencia latina?
12. ¿Qué le había prometido la duquesa entregarle al astrólogo después de su muerte?
13. ¿Cómo cambió la duquesa su oferta al señor Asuero?
14. ¿Cuál era la reacción del señor Asuero al cambio de la oferta?
15. ¿Qué aprendió la duquesa de la reacción del astrólogo?
16. ¿Para qué propósito era la píldora al principio?
17. ¿Por qué tomó la píldora el señor Asuero? ¿Qué le pasó después de tomarla?
18. Si los astros no saben mentir, ¿quién miente?

B.   Correcto — Incorrecto

1.   La vida de la duquesa era muy alegre.
2.   El señor Asuero interpretaba los astros según el nacimiento de la duquesa.
3.   La duquesa creía al principio que todo lo que predecía el señor Asuero llegaría a ser la verdad.
4.   La duquesa pensaba suicidarse si no muriera.
5.   La duquesa se interesó por la astrología para descubrir el origen del universo.
6.   Cayetano también creía en los astros.
7.   Los criados de la casa respetaban mucho a la duquesa.
8.   La duquesa quería que los criados se quedaran en casa después de servir la cena.
9.   El señor Asuero tenía más interés en sí mismo que en las otras personas.
10. La duquesa todavía cree que los astros no saben mentir.

C.   Eliminación

Escoja Ud. la palabra que no pertenece al grupo.

1.   viejo, soledad, antiguo, anciano
2.   catástrofe, desastre, desdicha, aperitivo
3.   pronosticar, vaticinar, defraudar, predecir
4.   ocurrir, pasar, suceder, entregar
5.   aludido, nervioso, inquieto, preocupado
6.   muertos, desaparecidos, vivientes, fallecidos
7.   astro, tocador, estrella, cielo
8.   sentencias, páginas, hojas, papeles

D.   Selección de la Palabra Correspondiente

Escoja Ud. la palabra a la derecha que mejor corresponde a la palabra a la izquierda.

1.   vistazo   vestido, rojo, mirada
2.   serpiente   ratón, víbora, conejo
3.   extrañeza   sorpresa, temor, píldora
4.   exceso   bastante, demasiado, grande
5.   brillante   inteligente, oscuro, diamante

 6. cumplir   complicar, realizar, empezar
 7. autómata   máquina, coche, biografía
 8. adulterar   hombre, crecer, falsificar
 9. demudado   pálido, sonrisa, carcajada
10. mensaje   discurso, recado, mes

E.   Traducción

Traduzca Ud. los siguientes fragmentos al inglés.

1.   «La vida de la duquesa parecía alentada por una fuerza trágica, desde que perdió a su marido y a sus tres hijos en una catástrofe ferroviaria, clausuró definitivamente la vida social y se rodeó de sombras. Pero leyó en un periódico los servicios profesionales del señor Asuero, y fascinada por la posibilidad de conocer el origen de su desdicha, lo mandó a llamar para que leyese las estrellas.»

2.   «...El odio instintivo hacia el señor Asuero (que era el único invitado), y la piedad y el respeto inmenso que sentía por la duquesa, los manifestó poniendo en el sitio de aquél un plato levemente desportillado, detalle que, precisamente por inadvertido, podría tomarse como el símbolo de su fidelidad acrisolada.»

3.   «...yo le he agregado intencionalmente un adverbio de negación para demostrar cómo unas simples letras son capaces de cambiar por completo el sentido de una idea. Si esto sucede con la escritura, figúrese usted lo que ocurriría en los astros, si alguno adulterase sus posiciones.»

F.   Composición y Discusión

1.   Los efectos de la avaricia en la conducta de una persona
2.   El valor de un horóscopo diario
3.   Por qué creo o no creo en la astrología

ALFREDO BRYCE ECHENIQUE

Alfredo Bryce Echenique nació en Lima, Perú, en 1939. Sus estudios secundarios fueron en Lima en el Colegio Santa María y el Colegio San Pablo.

Entre 1957 y 1964 el Sr. Echenique estudió en la Universidad Nacional Mayor de San Marcos en Lima y allí obtuvo la licenciatura de Letras. En la Facultad de Derecho de la misma universidad obtuvo el título de Abogado.

En octubre de 1964 viajó a Europa con el fin de preparar un doctorado en Literatura. Estudió en la Sorbona donde obtuvo diplomas de Literatura Francesa Clásica y Contemporánea. Tras haber vivido algún tiempo fuera de Francia, retornó a París donde empezó a trabajar en la Universidad de Nanterre y la Sorbona como profesor de Literatura e Historia Latinoamericana. Desde 1973 trabaja como profesor en la Universidad de Vincennes.

El Sr. Echenique ha escrito las siguientes obras: Huerto Cerrado (cuentos), 1972, Un mundo para Julius (novela), 1970, La felicidad ja, ja (cuentos), 1974 y A vuelo de buen cubero (crónicas de viaje por los Estados Unidos y otras crónicas periodísticas), 1976.

El Sr. Echenique ha obtenido los siguientes galardones: Mención Cuento, Concurso Casa de las Américas, la Habana, 1968 por su libro Huerto Cerrado; Premio Nacional de Literatura en novela por Un mundo para Julius, Perú, 1971.

Con Jimmy en Paracas

Lo estoy viendo; allí está sentado, en el amplio comedor veraniego, de espaldas a ese mar donde había rayas, tal vez tiburones. Yo estaba sentado al frente suyo, en la misma mesa, y, sin embargo, me parece que lo estuviera observando desde
5 la puerta de ese comedor, de donde ya todos se habían marchado, ya sólo quedábamos él y yo, habíamos llegado los últimos, habíamos alcanzado con las justas el almuerzo.

Esta vez me había traído; lo habían mandado sólo por el fin de semana. Paracas no estaba tan lejos: estaría de regreso a tiempo
10 para el colegio, el lunes. Mi madre no había podido venir; por eso me había traído. Me llevaba siempre a sus viajes cuando ella no podía acompañarlo, y podía volver a tiempo para el colegio. Yo escuchaba cuando le decía a mamá que era una pena que no pudiera venir. La compañía le pagaba la estadía, le pagaba hotel de lujo
15 para dos personas. «Lo llevaré», decía, refiriéndose a mí. Creo que yo le gustaba para esos viajes.

Y a mí, ¡cómo me gustaban esos viajes! Esta vez era a Paracas. Yo no conocía Paracas, y cuando mi padre empezó a arreglar la maleta, el viernes por la noche, ya sabía que no dormiría muy bien
20 esa noche, y que me despertaría antes de sonar el despertador.

Partimos ese sábado muy temprano, pero tuvimos que perder mucho tiempo en la oficina, antes de entrar en la carretera al sur. Parece que mi padre tenía todavía cosas que ver allí, tal vez recibir las últimas instrucciones de su jefe. No sé; yo me quedé esperándolo
25 afuera, en al auto, y empecé a temer que llegaríamos mucho más tarde de lo que habíamos calculado.

Una vez en la carretera, eran otras mis preocupaciones. Mi padre manejaba, como siempre, despacísimo; más despacio de lo que mamá le había pedido que manejara. Uno tras otro, los auto-
30 móviles nos iban dejando atrás, y yo no miraba a mi padre para

2 rayas *sting rays*
tiburones *sharks*
7 con las justas *just in time*

18 arreglar la maleta *to pack the suitcase*

que no se diera cuenta de que eso me fastidiaba un poco, en realidad
me avergonzaba bastante. Pero nada había que hacer, y el viejo
Pontiac, ya muy viejo el pobre, avanzaba lentísimo, negro e inmenso, balanceándose como una lancha sobre la carretera recién
5 asfaltada.

A eso de la mitad del camino, mi padre decidió escuchar la
radio. Yo no sé qué le pasó; bueno, siempre sucedía lo mismo, pero
sólo probó una estación, estaban tocando una guaracha, y apagó
inmediatamente sin hacer ningún comentario. Me hubiera gustado
10 escuchar un poco de música, pero no le dije nada. Creo que por eso
le gustaba llevarme en sus viajes; yo no era un muchachillo pre-
guntón; me gustaba ser dócil; estaba consciente de mi docilidad.
Pero eso sí, era muy observador.

Y por eso lo miraba de reojo, y ahora lo estoy viendo manejar.
15 Lo veo jalarse un poquito el pantalón desde las rodillas, dejando
aparecer las medias blancas, impecables, mejores que las mías, porque yo todavía soy un niño; blancas e impecables porque vamos a
Paracas, hotel de lujo, lugar de veraneo, mucha plata y todas esas
cosas. Su saco es el mismo de todos los viajes fuera de Lima, gris,
20 muy claro, sport; es norteamericano y le va a durar toda la vida. El
pantalón es gris, un pocó más oscuro que el saco, y la camisa es la
camisa vieja más nueva del mundo; a mí nunca me va a durar una
camisa como le duran a mi padre.

Y la boina; la boina es vasca. Es para los viajes; para el aire,
25 para la calvicie. Porque mi padre es calvo, calvísimo, y ahora que lo
estoy viendo ya no es un hombre alto. Ya aprendí que mi padre no
es un hombre alto, sino más bien bajo. Es bajo y muy flaco, pero yo
entonces tal vez no lo veía aún así, ahora ya sé que sólo es el
hombre más bueno de la tierra, dócil como yo, en realidad se muere
30 de miedo de sus jefes; esos jefes que lo quieren tanto porque hace
siete millones de años que no llega tarde ni se enferma ni falta a la
oficina; esos jefes que yo he visto cómo le dan palmazos en la espalda y se pasan la vida felicitándolo en la puerta de la iglesia los
domingos; pero a mí hasta ahora no me saludan, y mi padre se pasa
35 la vida diciéndole a mi madre, en la puerta de la iglesia los domingos, que las mujeres de sus jefes son distraídas o no la han visto,

1 fastidiaba (fastidiar) *to bore*	15 jalarse *to roll up*
4 lancha *boat, launch*	24 boina *beret, cap*
6 A eso de *at about*	25 calvicie *baldness*
8 guaracha *Cuban music*	36 distraídas *distracted*
14 de reojo *out of the corner of one's eye*	

porque a mi madre tampoco la saludan, aunque a él, a mi padre, no se olvidaron de mandarle sus saludos y felicitaciones cuando cumplió un millón de años más sin enfermarse ni llegar tarde a la oficina.

5   Pero todo esto es ahora en que lo estoy viendo, no entonces en que lo estaba mirando mientras llegábamos a Paracas en el Pontiac. Yo me había olvidado un poco del Pontiac, pero las paredes blancas del hotel me hicieron verlo negro, ya muy viejo el pobre. «Adónde va a acabar esta mole», me preguntaba, y estoy seguro de que mi padre se moría de miedo al ver esos carrazos, no lo digo por grandes, sino por la pinta. Si les daba un topetón, entonces habría que ver de quién era ese carrazo, porque mi padre era muy señor, y entonces aparecería el dueño, veraneando en Paracas con sus amigos, y tal vez conocía a los jefes de mi padre, había oído hablar de él, «no ha pasado nada, Juanito» (así se llamaba, se llama mi padre), y lo iban a llenar de palmazos en la espalda, luego vendrían los aperitivos, y a mí no me iban a saludar, pero yo actuaría de acuerdo a las circunstancias y de tal manera que mi padre no se diera cuenta de que no me habían saludado. Era mejor que mi madre no hubiera venido.

20   Pero no pasó nada. Encontramos un sitio anchísimo para el Pontiac negro, y al bajar, así sí que lo vi viejísimo. Ya estábamos en el hotel de Paracas, hotel de lujo y todo lo demás. Un muchacho vino hasta el carro por la maleta. Fue la primera persona que saludamos. Nos llevó a la recepción y allí mi padre firmó los papeles, y luego preguntó si todavía podíamos «almorzar algo» (recuerdo que así dijo). El hombre de la recepción, muy distinguido, mucho más alto que mi padre, le respondió afirmativamente: «Claro que sí, señor. El muchacho lo va a acompañar hasta su «bungalow», para que usted pueda lavarse las manos, si lo desea. Tiene usted tiempo, señor; el comedor cierra dentro de unos minutos, y su «bungalow» no está muy alejado.» No sé si mi papá, pero yo todo eso de «bungalow» lo entendí muy bien, porque estudio en un colegio inglés y eso no lo debo olvidar en mi vida y cada vez que mi papá estalla, cada mil años, luego nos invita al cine, grita que hace siete millones de años que trabaja enfermo y sin llegar tarde para darle a sus hijos lo mejor, lo mismo que a los hijos de sus jefes.

El muchacho que nos llevó al «bungalow» no se sonrió mucho

9	mole *junk heap*	31	alejado *far away*
10	carrazos *big cars*	34	estalla (estallar) *to burst,*
11	topetón *bump, collision*		*to burst into a rage*
17	de acuerdo a *in accordance with*		
18	de tal manera que *in such a* *manner that*		

cuando mi padre le dio la propina, pero yo ya sabía que cuando se
viaja con dinero de la compañía no se puede andar derrochando, si
no, pobres jefes, nunca ganarían un céntimo y la compañía que-
braría en la mente respetuosa de mi padre, que se estaba lavando
5   las manos mientras yo abría la maleta y sacaba mi ropa de baño.
Fue entonces que me enteré, él me lo dijo, que nada de acercarme al
mar, que estaba lleno de rayas, hasta había tiburones. Corrí a la-
varme las manos, por eso de que dentro de unos minutos cierran el
comedor, y dejé mi ropa de baño sobre la cama. Cerramos la puerta
10   del «bungalow» y fuimos hacia el comedor. Mi padre también, aunque menos, creo que era observador; me señaló la piscina, tal vez
por eso de la ropa de baño. Era hermoso Paracas; tenía de desierto,
de oasis, de balneario; arena, palmeras, flores y veredas. Tímidos y
curiosos, mi padre y yo entramos al comedor.
15   Y es allí, sentado de espaldas al mar, a las rayas y a los tiburones, es allí donde lo estoy viendo, como si yo estuviera en la
puerta del comedor, y es que en realidad yo también me estoy
viendo sentado allí, en la misma mesa, cara a cara a mi padre y
esperando al mozo ése, que a duras penas contestó a nuestro saludo,
20   que había ido a traer el menú (mi padre pidió la carta y él dijo que
iba por el menú) y que según papá debería habernos cambiado de
mantel, pero era mejor no decir nada porque, a pesar de que ése
era un hotel de lujo, habíamos llegado con las justas para almorzar.
Yo casi vuelvo a saludar al mozo cuando regresó y le entregó el
25   menú a mi padre que entró en dificultades y pidió, finalmente, corvina, porque el mozo ya llevaba horas esperando. Se largó con el
pedido y mi padre, sonriéndome, puso la carta sobre la mesa, de
tal manera que yo podía leer los nombres de algunos platos, un
montón de nombres franceses en realidad, y entonces pensé, ali-
30   viándome, que algo terrible hubiera podido pasar, como aquella vez
en ese restaurante de tipo moderno, con un menú que parecía para
norteamericanos, cuando mi padre me pasó la carta para que yo
pidiera, y empezó a contarle al mozo que él no sabía inglés, pero
que a su hijo lo estaba educando en un colegio inglés, a sus otros
35   hijos también, costara lo que costara, y el mozo no le prestaba ninguna atención, y movía la pierna porque ya se quería largar.

1	propina *tip (money)*	19	a duras penas *with great*
2	derrochando (derrochar)		*difficulty*
	to waste	22	mantel *tablecloth*
13	balneario *health resort, spa*	25	corvina *bass, sea eel*
	arena *sand*	29	montón *multitude*
	veredas *paths*	35	costara lo que costara
			whatever it may cost

Fue entonces que mi padre estuvo realmente triunfal. Mientras el mozo venía con las corvinas, mi padre empezó a hablar de darnos un lujo, de que el ambiente lo pedía, y de que la compañía no iba a quebrar si él pedía una botellita de vino blanco para acompañar
5 esas corvinas. Decía que esa noche a las siete era la reunión con esos agricultores, y que le comprarían los tractores que le habían encargado vender; él nunca le había fallado a la compañía. Eso decía cuando el mozo apareció complicándose la vida en cargar los platos de la manera más difícil, eso parecía un circo, y mi padre lo
10 miraba como si fuera a aplaudir, pero gracias a Dios reaccionó y tomó una actitud bastante forzada, aunque digna, cuando el mozo jugaba a casi tirarnos los platos por la cara, en realidad era que los estaba poniendo elegantemente sobre la mesa y que nosotros no estábamos acostumbrados a tanta cosa. «Un blanco no sé cuántos»,
15 dijo mi padre. Yo casi lo abrazo por esa palabra en francés que acababa de pronunciar, esa marca de vino, ni siquiera había pedido la carta para consultar, no, nada de eso; lo había pedido así no más, triunfal, conocedor, y el mozo no tuvo más remedio que tomar nota y largarse a buscar.
20 Todo marchaba perfecto. Nos habían traído el vino y ahora recuerdo ese momento de feliz equilibrio: mi padre sentado de espaldas al mar, no era que el comedor estuviera al borde del mar, pero la pared que sostenía esos ventanales me impedía ver la piscina y la playa, y ahora lo que estoy viendo es la cabeza, la cara de mi
25 padre, sus hombros, el mar allá atrás, azul en ese día de sol, las palmeras por aquí y por allá, la mano delgada y fina de mi padre sobre la botella fresca de vino, sirviéndome media copa, llenando su copa, «bebe despacio, hijo», ya algo quemado por el sol, listo a acceder, extrañando a mi madre, buenísimo, y yo ahí, casi chorreán-
30 dome con el jugo ese que bañaba la corvina, hasta que vi a Jimmy. Me chorreé cuando lo vi. Nunca sabré por qué me dio miedo verlo. Pronto lo supe.
Me sonreía desde la puerta del comedor, y yo lo saludé, mirando luego a mi padre para explicarle quién era, que estaba en mi
35 clase, etc.; pero mi padre, al escuchar su apellido, volteó a mirarlo sonriente, me dijo que lo llamara, y mientras cruzaba el comedor, que conocía a su padre, amigo de sus jefes, uno de los directores de la compañía, muchas tierras en esa región...

---

3 ambiente *atmosphere*
9 circo *circus*
29 extrañando (extrañar) *to miss (a person)*

29 chorreándome (chorrear) *to drip, to spurt, to gush*
35 volteó (voltear) *to turn around*

—Jimmy, papá. —Y se dieron la mano.

—Siéntate, muchacho —dijo mi padre, y ahora recién me saludó a mí.

Era muy bello; Jimmy era de una belleza extraordinaria: rubio, el pelo en anillos de oro, los ojos azules achinados, y esa piel bronceada, bronceada todo el año, invierno y verano, tal vez porque venía siempre a Paracas. No bien se había sentado, noté algo que me pareció extraño: el mismo mozo que nos odiaba a mi padre y a mí, se acercaba ahora sonriente, servicial, humilde, y saludaba a Jimmy con todo respeto; pero éste, a duras penas le contestó con una mueca. Y el mozo no se iba, seguía ahí, parado, esperando órdenes, buscándolas, yo casi le pido a Jimmy que lo mandara matarse. De los cuatro que estábamos ahí, Jimmy era el único sereno.

Y ahí empezó la cosa. Estoy viendo a mi padre ofrecerle a Jimmy un poquito de vino en una copa. Ahí empezó mi terror.

—No, gracias —dijo Jimmy—. Tomé vino con el almuerzo.

—Y sin mirar al mozo, le pidió un whisky.

Miré a mi padre: Los ojos fijos en el plato, sonreía y se atragantaba un bocado de corvina que podía tener millones de espinas. Mi padre no impidió que Jimmy pidiera ese whisky, y ahí venía el mozo casi bailando con el vaso en una bandeja de plata, había que verle sonreírse al hijo de puta. Y luego Jimmy sacó un paquete de Chesterfield, lo puso sobre la mesa, encendió uno, y sopló todo el humo sobre la calva de mi padre, claro que no lo hizo por mal, lo hizo simplemente, y luego continuó bellísimo, sonriente, mirando hacia el mar, pero mi padre ni yo queríamos ya postres.

—¿Desde cuándo fumas? —le preguntó mi padre, con voz temblorosa.

—No sé; no me acuerdo —dijo Jimmy, ofreciéndome un cigarrillo.

—No, no, Jimmy; no...

—Fuma no más, hijito; no desprecies a tu amigo.

Estoy viendo a mi padre decir esas palabras, y luego recoger una servilleta que no se le había caído, casi recoge el pie del mozo que seguía ahí parado. Jimmy y yo fumábamos, mientras mi padre nos contaba que a él nunca le había gustado eso de fumar, y luego de una afección a los bronquios que tuvo no sé cuándo, pero Jimmy empezó a hablar de automóviles, mientras yo observaba la ropa que

5	achinados *intimidating, scary*	21	bandeja de plata *silver tray*
7	No bien *hardly*	22	hijo de puta *son of a bitch*
18	se atragantaba (atragantarse)	23	sopló (soplar) *to blow*
	to choke on	32	desprecies (despreciar) *to scorn*

llevaba puesta, parecía toda de seda, y la camisa de mi padre empezó a envejecer lastimosamente, ni su saco norteamericano le iba a durar toda la vida.

—¿Tú manejas, Jimmy? —preguntó mi padre.

5 —Hace tiempo. Ahora estoy en el carro de mi hermana; el otro día estrellé mi carro, pero ya le va a llegar otro a mi papá. En la hacienda tenemos varios carros.

Y yo muerto de miedo, pensando en el Pontiac; tal vez Jimmy se iba a enterar que ése era el de mi padre, se iba a burlar tal vez,
10 lo iba a ver más viejo, más ancho, más feo que yo. «¿Para qué vinimos aquí?» Estaba recordando la compra del Pontiac, a mi padre convenciendo a mamá, «un pequeño sacrificio», y luego también los sábados por la tarde, cuando lo lavábamos, asunto de familia, todos los hermanos con latas de agua, mi padre con la manguera, mi
15 madre en el balcón, nosotros locos por subir, por coger el volante y mi padre autoritario: «Cuando sean grandes, cuando tengan brevete», y luego, sentimental: «Me ha costado años de esfuerzo».

—¿Tienes brevete, Jimmy?

—No; no importa; aquí todos me conocen.

20 Y entonces fue que mi padre le preguntó que cuántos años tenía y fingió creerle cuando dijo que dieciséis, y yo también, casi le digo que era un mentiroso, pero para qué, todo el mundo sabía que Jimmy estaba en mi clase y que yo no había cumplido aún los catorce años.

25 —Manolo se va conmigo —dijo Jimmy—; vamos a pasear en el carro de mi hermana.

Y mi padre cedió una vez más, nuevamente sonrió, y le encargó a Jimmy saludar a su padre.

—Son casi las cuatro —dijo—, voy a descansar un poco, por-
30 que a las siete tengo una reunión de negocios. —Se despidió de Jimmy, y se marchó sin decirme a qué hora debía regresar, yo casi le digo que no se preocupara, que no nos íbamos a estrellar.

Jimmy no me preguntó cuál era mi carro. No tuve por qué decirle que el Pontiac, ese negro, el único que había ahí, era el
35 carro de mi padre. Ahora sí se lo diría y luego, cuando se riera sarcásticamente le escupiría en la cara, aunque todos esos mozos que lo habían saludado mientras salíamos, todos esos que a mí no me

1	seda *silk*	16	brevete *credentials, driver's license*
2	envejecer *to grow old*	21	fingió (fingir) *to pretend, to feign*
6	estrellé (estrellar) *to crash*	30	reunión de negocios *business*
9	burlar *to mock, to make fun of*		*meeting*
14	manguera *hose*	36	escupiría (escupir) *to spit*

hacían caso, se me vinieran encima a matarme por haber ensuciado esa maravillosa cara de monedita de oro, esas manos de primer enamorado que estaban abriendo la puerta de un carro del jefe de mi padre.

5 A un millón de kilómetros por hora, estuvimos en Pisco, y allí Jimmy casi atropella a una mujer en la Plaza de Armas; a no sé cuántos millones de kilómetros por hora, estuvimos en una de sus haciendas, y allí Jimmy tomó una Coca-Cola, y no me presentó a sus hermanas; a no sé cuántos miles de millones de kilómetros 10 por hora, estuvimos camino de Ica, y por allí Jimmy me mostró el lugar en que había estrellado su carro, carro de mierda ése, dijo, no servía para nada.

Eran las nueve de la noche cuando regresamos a Paracas. No sé cómo, pero Jimmy me llevó hasta una salita en que estaba mi 15 padre bebiendo con un montón de hombres. Ahí estaba sentado, la cara satisfecha, ya yo sabía que haría muy bien su trabajo. Todos esos hombres conocían a Jimmy; eran agricultores de por ahí, y acababan de comprar los tractores de la compañía. Algunos le tocaban el pelo a Jimmy y otros se dedicaban al whisky que mi padre 20 estaba invitando en nombre de la compañía. En ese momento mi padre empezó a contar un chiste, pero Jimmy lo interrumpió para decirle que me invitaba a comer. «Bien, bien; dijo mi padre. Vayan nomás.»

Y esa noche bebí los primeros whiskies de mi vida, la primera 25 copa llena de vino de mi vida, en una mesa impecable, con un mozo que bailaba sonriente y constante alrededor de nosotros. Todo el mundo andaba elegantísimo en ese comedor lleno de luces y de carcajadas de mujeres bonitas, hombres grandes y colorados que deslizaban sus manos sobre los anillos de oro de Jimmy, cuando 30 pasaban hacia sus mesas. Fue entonces que me pareció escuchar el final del chiste que había estado contando mi padre, le puse cara de malo, y como que lo encerré en su salita con esos burdos agricultores que venían a comprar su primer tractor. Luego, esto sí que es extraño, me deslicé hasta muy adentro en el mar, y desde allí 35 empecé a verme navegando en un comedor en fiesta, mientras un mozo me servía arrodillado una copa de champagne, bajo la mirada achinada y azul de Jimmy.

Yo no le entendía muy bien al principio; en realidad no sabía

1	haber ensuciado (ensuciar) *to make dirty*	28	deslizaban (deslizar) *to slide, to slip, to glide*
6	atropella (atropellar) *to run over*	32	burdos *coarse, rough*
21	chiste *joke*	36	arrodillado *kneeling*

de qué estaba hablando, ni qué quería decir con todo eso de la ropa interior. Todavía lo estaba viendo firmar la cuenta; garabatear su nombre, y luego invitarme a pasear por la playa. «Vamos», me había dicho, y yo lo estaba siguiendo a lo largo del malecón oscuro,
5 sin entender muy bien todo eso de la ropa interior. Pero Jimmy insistía, volvía a preguntarme qué calzoncillos usaba yo, y añadía que los suyos eran así y así, hasta que nos sentamos en esas escaleras que daban a la arena y al mar. Las olas reventaban muy cerca y Jimmy estaba ahora hablando de órganos genitales, órganos geni-
10 tales masculinos solamente, y yo, sentado a su lado, eschuchándolo sin saber qué responder, tratando de ver las rayas y los tiburones de que hablaba mi padre, y de pronto corriendo hacia ellos porque Jimmy acababa de ponerme una mano sobre la pierna, «cómo la tienes, Manolo?» dijo, y salí disparado.
15 Estoy viendo a Jimmy alejarse tranquilamente; regresar hacia la luz del comedor y desaparecer al cabo de unos instantes. Desde el borde del mar, con los pies húmedos, miraba hacia el hotel lleno de luces y hacia la hilera de «bungalows», entre los cuales estaba el mío. Pensé en regresar corriendo, pero luego me convencí de que
20 era una tontería, de que ya nada pasaría esa noche. Lo terrible sería que Jimmy continuara por allí, al día siguiente, pero por el momento, nada; sólo volver y acostarme.
Me acercaba al «bungalow» y escuché una carcajada extraña. Mi padre estaba con alguien. Un hombre inmenso y rubio estre-
25 chaba la mano de mi padre, lo felicitaba, le decía algo de eficiencia, y ¡zas! le dio el palmazo en el hombro. «Buenas noches, Juanito», le dijo. «Buenas noches, don Jaime», y en ese instante me vio.
—Mírelo; ahí está. ¿Dónde está Jimmy, Manolo?
—Se fue hace un rato, papá.
30 —Saluda al padre de Jimmy.
—¿Cómo estás muchacho? O sea que Jimmy se fue hace rato; bueno, ya aparecerá. Estaba felicitando a tu padre; ojalá tú salgas a él. Le he acompañado hasta su «bungalow».
—Don Jaime es muy amable.
35 —Bueno, Juanito, buenas noches. —Y se marchó, inmenso.
Cerramos la puerta del «bungalow» detrás nuestro. Los dos

2	ropa interior *underwear*	13	¿cómo la tienes? *how's yours?*
	garabatear *to scribble*	14	disparado (disparar)
4	a lo largo *along*		*to dash off, to rush away*
	malecón *levee, sea wall*	16	al cabo de *after, at the end of*
8	reventaban (reventar) *to smash,*	36	detrás nuestro *behind us*
	to crash, to burst		

habíamos bebido, él más que yo, y estábamos listos para la cama. Ahí estaba todavía mi ropa de baño, y mi padre me dijo que mañana por la mañana podría bañarme. Luego me preguntó que si había pasado un buen día, que si Jimmy era mi amigo en el colegio, y que si mañana lo iba a ver; y yo a todo: «sí, papá, sí papá», hasta que apagó la luz y se metió en la cama, mientras yo, ya acostado, buscaba un dolor de estómago para quedarme en cama mañana, y pensé que ya se había dormido. Pero no. Mi padre me dijo, en la oscuridad, que el nombre de la compañía había quedado muy bien, que él había hecho un buen trabajo, estaba contento mi padre. Más tarde volvió a hablarme; me dijo que don Jaime había estado muy amable en acompañarlo hasta la puerta del «bungalow» y que era todo un señor. Y como dos horas más tarde, me preguntó: «Manolo, ¿qué quiere decir «bungalow» en castellano?»

7 dolor de estómago *stomach ache*

EJERCICIOS

A. Cuestionario

1. ¿Cuándo llevaba el padre a Manolo en sus viajes?
2. ¿Por qué no podía dormir bien Manolo la noche antes de salir?
3. ¿Cómo manejaba el padre de Manolo?
4. ¿Cómo era el carro del padre?
5. ¿Cómo es Manolo?
6. ¿Cómo se vistió el padre?
7. ¿Qué tipo de empleado es el padre?
8. ¿De qué tenía vergüenza Manolo?
9. ¿Por qué dijo el padre que trabajaba tanto?
10. ¿Por qué dijo el padre que Manolo no debía nadar en el mar?
11. ¿Cómo era Paracas?
12. ¿Qué tenía que hacer el padre a las siete de la noche?
13. ¿Por qué se sintió el padre triunfal en el comedor?
14. ¿Quién es Jimmy?
15. ¿Cómo es Jimmy?
16. ¿Qué hace Jimmy que no hace Manolo?
17. ¿Cómo cambió la actitud del mozo cuando Jimmy llegó a la mesa?
18. ¿Qué acción de Jimmy le molestaba al padre?
19. ¿Cuántos años tenía Jimmy?
20. ¿Qué le había ocurrido a Jimmy un día mientras manejaba su carro?

21.   ¿A dónde decidió ir Jimmy con Manolo?
22.   ¿Cómo manejaba Jimmy?
23.   ¿Qué hizo Manolo por primera vez esa noche?
24.   ¿De qué hablaba Jimmy en la playa?
25.   ¿Por qué hablaba Jimmy de tales asuntos?
26.   ¿Qué trató de hacer Jimmy?
27.   ¿Cómo salió el padre en sus negocios?

B.   Correcto — Incorrecto

1.   Manolo fue a Paracas con su padre por una semana.
2.   Al padre le gustaba gastar mucho dinero en la ropa.
3.   Los jefes del padre trataban mal a la familia de Manolo.
4.   Manolo era un chico muy fuerte y bravo.
5.   Los jefes creían que el padre de Manolo era un buen empleado.
6.   El padre entendía inglés tan bien como su hijo.
7.   Al padre le encantaba llevar a la familia al cine.
8.   El padre permitió que Manolo tomara vino la primera noche que estaba en Paracas.
9.   En el salón todos los hombres saludaron cordialmente a Manolo.
10.   El padre de Manolo entendió lo que pasó entre Jimmy y Manolo en Paracas.

C.   Antónimos

Escoja la palabra a la derecha que es el contrario de la palabra a la izquierda.

1.   despacísimo   rapidísimo, lentísimo, calvísimo, reglamento
2.   bajo   ancho, flaco, alto, enfermo
3.   cerrar   empezar, atreverse, poner, abrir
4.   acercarse   saludar, largarse, atropellar, cumplir
5.   último   alejado, alborotado, distraído, primero
6.   empezar   acabar, contestar, señalar, dar
7.   oscuro   viejo, claro, ancho, lujo
8.   querer   forzar, odiar, matar, sonreír

D.   Selección de la Palabra Correcta

Escoja Ud. de la lista la palabra más apropiada para completar el significado de la frase.

dócil	el despertador
una maleta	una propina
calvo	tiburones
un anillo	apaga

1. Sin _____ no podría levantarme por la mañana.
2. Alguien que tiene miedo de sus jefes es muy _____.
3. Lo que le da a un mozo por buen servicio es _____.
4. Se usa _____ para llevar la ropa en un viaje.
5. Los peces que «comen a la gente» son _____.
6. Un artículo de joyería que se lleva en los dedos es _____.
7. Un hombre sin pelo es _____.
8. Cuando es la hora de dormir se _____ la luz.

E. Traducción

Traduzca los siguientes fragmentos.

1. «Y a mí, ¡cómo me gustaban esos viajes! Esta vez era a Paracas. Yo no conocía Paracas, y cuando mi padre empezó a arreglar la maleta, el viernes por la noche, ya sabía que no dormiría bien esa noche, y que me despertaría antes de sonar el despertador.»

2. «Era muy bello; Jimmy era de una belleza extraordinaria: rubio, el pelo en anillos de oro, los ojos azules achinados, y esa piel bronceada, bronceada todo el año, invierno y verano, tal vez porque venía siempre a Paracas. No bien se había sentado, noté algo que me pareció extraño: el mismo mozo que nos odiaba a mi padre y a mí, se acercaba ahora sonriente, servicial, humilde, y saludaba a Jimmy con todo respeto.»

3. «Pensé en regresar corriendo, pero luego me convencí de que era una tontería, que ya nada pasaría esa noche. Lo terrible sería que Jimmy continuara por allí, al día siguiente, pero por el momento, nada; sólo volver y acostarme.»

F. Composición y Discusión

1. Las diferencias más evidentes entre Manolo y Jimmy
2. Las cosas de mayor importancia para los jóvenes de catorce años
3. El lugar veraniego que prefiero más

JORGE FERRER-VIDAL
TURULL

Jorge Ferrer-Vidal Turull nació en Barcelona, España, en 1926. Estudió el Bachillerato en el Colegio de los Jesuitas de su ciudad natal. Con posterioridad, ingresó en la Universidad de Barcelona y se licenció en Derecho. En 1954 ingresó en la Universidad de Madrid y estudió Filosofía Y Letras, licenciándose en Historia Moderna y Contemporánea. A partir de este momento su actividad se centra en el ejercicio de la literatura. Entre sus obras publicadas figuran las siguientes: El trapecio de Dios *(novela),* 1955, El carro de los caballos blancos *(novela),* 1956, Sábado, esperanza *(novela),* 1960, Caza mayor *(novela),* 1961, Historias de mis valles *(novela),* 1964, El gusano blanco *(novela),* 1966, También se muere en las amanecidas *(narraciones),* 1972, El pequeño guiñol de Raúl Encinas *(novela),* 1973.

Cuenta Jorge Ferrer-Vidal de considerable prestigio como autor de narraciones breves y con ellas ha obtenido numerosos premios como «Correo Catalán», «Amadeo Oller», «Ciudad de León» y «Hucha de Plata» (cinco veces).

En la actualidad el Sr. Ferrer-Vidal tiene en prensa las siguientes obras: Así fueron tus días y los míos *(narraciones) y* Este cuarto-de-estar para vivir... *(poemas).*

Varias obras del Sr. Ferrer-Vidal han sido traducidas a otras lenguas.

Sólo sé de tristeza

Con abril llegaba la primavera y los prados parecían alargados sobre sí mismos y el monte se cubría con el amarillo de las retamas y el blancor de las jaras y el mundo entero se distendía de las contracciones invernales y todo armonizaba con la alegría, excepto la mujer. La mujer permanecía en el rincón de siempre, abstraída, con la mirada vacilante que apenas levantaba del suelo barrizoso de la cabaña, en la que el sol no penetraba y en la que habíamos descubierto hacía pocas semanas una corriente helada, como decía don Nicolás, el ingeniero de los montes y de las repoblaciones. De ahí que siempre sintiésemos humedad y frío en la casa, incluso en los días de mayor rigor estival.

—¿Es posible, don Nicolás, que el mal de intestino del pequeño viniese de eso?

—Casi seguro, mira.

Y es que la mujer y yo decidimos un día pedirle a Dios un hijo y Dios nos complació y ella se puso dilatada con lo del embarazo y fueron tiempos muy buenos, porque a pesar de la molestia que la chica padecía, corríamos por los campos persiguiendo a las ovejillas que se nos descarriaban por montes y praderas hasta lograr reducirlas y devolverlas al aprisco y ella se me reía de todo y me afirmaba que nada había más bello que la vida y que el mundo era hermoso y que el sol, los cielos y las estrellas de la noche parecían metérsele en el cuerpo para dar calor y bienestar al hijo que llevaba hinchado en el vientre y que empezaba ya a exaltarse y a dar golpes a la madre desde su cómodo y caliente refugio interior.

—Será niño, porque pega muy fuerte. Acércale el oído y oye cómo palpita.

1	alargados *extended*	17	molestia *bother, inconvenience*
2	sí mismos *themselves*	18	ovejillas *little sheep*
3	retamas *Spanish brooms (bot.)*	19	descarriaban (descarriar)
	jaras *rockrose plant, cistus (bot.)*		*to lead astray, to go astray*
7	barrizoso *muddy*	20	aprisco *sheepfold*
	cabaña *hut, hovel*	24	hinchado *swollen*
16	embarazo *pregnancy*		vientre *belly*

—Quita allá, mujer.

—Acerca.

Y yo vencía el disgusto y casi todas las noches, en la cama, me tocaba colocarme de oídos sobre el abdomen inmenso de la mujer
5 y, más o menos a la altura del ombligo, le oía al mozo el corazón palpita que palpita, como si con aquel latido intentase escapar de su encierro, rasgar el barrigón materno e inundar el mundo con su explosión de irreductible vitalidad. Pero me daba grima:

—Me da grima, mujer.

10 —¿Grima, dices?

Y entonces la mujer se dormía para calmar al hijo de su entraña y yo le retiraba de vez en cuando la sábana y las mantas y la exponía por un minuto o dos al relente humedecido de la cabaña y le observaba el cuerpo: los muslos, el vientre, los senos y por fin, la
15 cara y semejaba que en sueños sonreía. Fue entonces cuando, con las postreras lluvias del invierno, la humedad se agudizó hasta hacerse barro el piso de la cabaña, y un día en que anduvo por las cercanías el señor ingeniero, le detuve, le expuse el caso y el hombre:

20 —Debe tratarse de aguas heladas, —dijo.

—Aguas, ¿qué?

—Subterráneas, heladas. Lo mejor que puedes hacer es buscar terreno seco y levantar otra casa.

Yo no sé levantar una casa con la facilidad con la que lo ve
25 todo un ingeniero, que tiene sus buldocers, su material en abundancia y su mano de obra, pero se lo dije a la mujer:

—Apúrate a parir. El ingeniero dice que hay que construir otra casa por lo de las aguas subterráneas. Serán malas....

Y ella, la mujer, que las cosas requerían su tiempo y que los
30 hijos eran los frutos, que no se separaban de la familia hasta estar bien maduros y que el ingeniero sabría de repoblación de árboles y plantas, se entiende, pero de parir hijos, poco, a ver, ¿de qué iba a saberlo? Y miren ustedes, cuando hablaba así se arrebolaba entera y después rompía en carcajadas grandes y alegres como el sol y a mí
35 se me encendía el corazón al verla y acabábamos siempre corriendo

1	Quita allá	*get away*	
6	latido	*beating*	
7	rasgar el barrigón	*to tear, to rip*	
	the big belly		
8	daba (dar) grima	*to annoy,*	
	to horrify		
14	muslos	*thighs*	
	senos	*bosoms*	

16	postreras	*last*
	se agudizó (agudizarse)	*to become*
	worse	
27	Apúrate a parir (apurarse)	
	to hurry up and give birth	
33	arrebolaba (arrebolarse)	
	to redden, to turn red	

por las praderas, ya verdeantes, hasta que la alcanzaba y la tumbaba
al suelo y allá nos revolcábamos el uno sobre el otro, a pesar de su
vientre, Dios mío...

El niño nació de noche. Nos llegó con la luna y a su debido
5 tiempo, como un rápido-exprés que sale de los túneles pitando
con rapidez y fuerza, dándole al llanto, y ella, la mujer, me dirigió
en el parto, que ni tiempo me dio la criatura de ir con la mula al
pueblo en busca del señor doctor. Ella solita, como si hubiera ya
parido veinte hijos, haz esto, haz lo otro, recógeme la sangre con un
10 trapito húmedo en el agua caliente, cuidado con la desgarradura,
tira de él en cuanto asome la cabecita, tira, ahora, tira, y en el dolor
sonreía, la loca, y cuando tiré del hijo hasta separarlo de ella y la
criatura rompió a llorar, la mujer comenzó a lanzar carcajada tras
otra, de modo que el único que en verdad sufrió del parto fue un
15 servidor, y ella aún llena de sangre, tranquila y divertida, esperando
echar fuera la placenta, con el niño ya entre sus brazos.

Y el día siguiente, ya normal, corrió la voz al pueblo por boca
de Antolín, el pastorcillo concejil y venga de recibir visitas de parientes y amigos   traían regalos para el hijo, que si unas botitas
20 de lanilla, que si un juboncete, que si una braga absorbe-orines
que se mea y seca por sí, hay que ver las cosas que inventan por
estos mundos, y don Nicolás que:

—Ha sido un buen parto, hombre. Se echa de ver que es más
fácil parir un hijo que un proyecto de repoblación.

25 Y uno, porque el día de ser padre no iba a ensuciarse el alma
con disputas:

—Así será, si usted lo dice, don Nicolás.

Y él:

—Claro, que lo es. Y ahora trata de levantar otra casa. Cada
30 día tienes más barro en el suelo y eso puede dañar al niño. De aquí
a la primavera aún queda rato.

¿Por qué lo había dicho? El niño empezó con el estertor res-
piratorio a los diez días de venir al mundo, precisamente, dos horas
después de recibir la visita de don Práxedes, el médico, que vino en
35 su Montesa a visitarle y que lo encontró bien y lo hizo constar así,

2	revolcábamos (revolcarse) *to roll over*
7	parto *delivery*
10	trapito *small cloth, rag*
	desgarradura *laceration, opening*
16	echar fuera *to cast out*
18	pastorcillo concejil *shepherd of the people*
19	botitas de lanilla *little flannel booties*
20	juboncete *little jacket*
	braga *diaper*
32	estertor *death rattle*
35	hizo (hacer) constar *to make clear*

después de examinar de paso, eso me disgustó, la entrepierna de la mujer.

—Los dos muy bien. Enhorabuena, hijos. Ahora por el segundo.

Pero no habrá segundo ni tercero ni habrá más hijos, ca. La criatura comenzó por el estertor y yo, que será una flema, no hay que darle importancia, acaba de verle el médico, sacúdele en la espalda y la mujer sacudiéndolo y, de pronto, el diarreón amarillento, líquido como si fuera bilis, más tarde los vómitos y yo que me voy al establo y cojo la mula y al pueblo, otra vez por don Práxedes, y al volver los dos en la Montesa, la mujer sentada en los peldaños de la puerta de la casa, ajena, ida, con los ojos perdidos en el horizonte del atardecer, con el cadáver del niño sobre el regazo, donde ella solía ponerse la cestita de guisantes o de judías para pelarlas, antes de preparar la cena.

A partir de entonces, el crío bajo la tierra y tú como un árbol. Te negaste a ver, es natural, cómo cavaba el foso a la vera de casa y cómo, entre don Nicolás y yo, metimos en él al hijo y luego a paletadas, lo cubrimos con tierra, y él, el ingeniero, insistiendo:

—Hazte otra casa. ¿Quién sabe si lo del niño no fue enfriamiento por la humedad?

Pero yo no levanto nada más, mientras tú estés así, mujer. Construí una casa inhabitable ya, porque ahora al andar por ella, se chapotea por el barro y te hice un hijo y todo se echó a perder, hasta tú misma, que es lo que más me duele. Me duele tanto verte así, sin hablar, sin moverte, con la mirada fija en el lodazal de la vivienda, como si estuvieses muerta, que por las tardes, al dejar las veintidós ovejas en el redil y acabar el trabajo, me entro en la casa, me siento en una silla frente a ti, y te observo y te hablo y te cuento todo lo que ha pasado durante el día y en vista de que no contestas ni siquiera reconoces mi presencia, te hago muecas y cuento chascarillos y te canto, y nada, no te mueves, sigues mirando el barro y callas y yo entonces, vuelvo la mirada hacia la ventana y contemplo las largas praderas, más extensas y dilatadas que nunca por el calor

3	Enhorabuena *congratulations*	17	vera *edge*
12	peldaños *steps*	18	a paletadas *with shovels*
14	regazo *lap*	24	se chapotea (chapotear)
	cestita de guisantes *small*		*to splash*
	basket of peas	26	lodazal *mudhole*
	judías *string beans*	28	redil *sheepfold*
16	A partir de entonces *from*	31	chascarillos *funny stories*
	then on		
17	cavaba (cavar) el foso		
	to dig the grave		

de la primavera, y distingo los montes vistiéndose las ropas ama-
rillas y blancas de retamones y jarales. Y así me entra la congoja y
hasta temo que se me deslice, mejillas abajo, alguna lágrima y me
cubro la cara con las manos aunque ignoro el motivo, porque me
5 consta, sé, que mi llanto tampoco conmueve, estremece, tu nuevo
ser de árbol y pienso que quizá don Nicolás tiene razón y que la
culpa de todo origine de la cabaña y en la fatalidad de haber sur-
gido, de pronto, bajo ella una veta de aguas subterráneas o como
diga el ingeniero que se llaman, yo de nombres no sé, sé sólo de
10 tristeza...

2	congoja *anguish, grief*		7	haber surgido (surgir) *to spout,*
3	mejillas abajo *down my cheeks*			*to spring forth*
5	conmueve (conmover) *to touch,*		8	veta *vein*
	to move, to affect			

EJERCICIOS

A.   Cuestionario

1.   ¿Cuál fue el problema que había en la casa?
2.   ¿Por qué estaba contenta la pareja conyugal?
3.   ¿Cómo se divertían los dos?
4.   ¿Cuál fue el efecto de las lluvias postreras del invierno?
5.   ¿Qué le sugirió su amigo, el ingeniero?
6.   ¿Cómo fue el nacimiento del crío?
7.   ¿De qué se enfermó el niño?
8.   ¿Cuál fue la causa de la enfermedad?
9.   ¿Qué le pasó al niño?
10.   ¿Cómo fue el estado de ánimo de la madre después del falleci-
miento del niño?
11.   ¿Qué le duele más al protagonista?
12.   ¿Cómo trató de entusiasmar a su esposa?

B.   Correcto — Incorrecto

1.   El cuento tenía lugar en el invierno.
2.   El ingeniero es el autor del cuento.
3.   Los esposos querían un hijo más que nada.
4.   A él le gustaba tocar el vientre de su esposa.
5.   El protagonista dijo que no quería construir otra casa.

6. El niño tenía buena salud.
7. Los parientes vinieron para darle regalos al crío.
8. Es posible que el médico no entendiera la enfermedad del niño.
9. La esposa empezó a entusiasmarse al ver las muecas de su esposo.
10. El protagonista se siente culpable a causa de la muerte de su hijo.

C. Sinónimos

Escoja Ud. de la lista un sinónimo para cada una de las palabras entre comillas.

pegar	vientre
vivienda	terreno
tiraron	el crío

1. No le gustaba tocar el «abdomen».
2. «La criatura» nació en abril.
3. Empezó a «darle golpes» al hombre.
4. El «suelo» quedaba húmedo.
5. «Lanzaron» la pelota contra la pared.
6. Quiero construir una «casa» algún día.

D. Antónimos

Escoja Ud. de la columna B una palabra que es el contrario de una palabra de la columna A.

	A		B
1.	tierra	a.	seco
2.	húmedo	b.	alegría
3.	molestia	c.	sonrisa
4.	llanto	d.	cielo
5.	frío	e.	calor
		f.	postrera

E. Traducción

Traduzca Ud. los siguientes fragmentos.

1. «El niño nació de noche. Nos llegó con la luna y a su debido tiempo, como un rápido-exprés que sale de los túneles pitando con rapidez y fuerza, dándole al llanto, y ella, la mujer, me dirigió en

el parto, que ni tiempo me dio la criatura de ir al pueblo en busca del señor doctor.»

2. «...al volver los dos en la Montesa, la mujer sentada en los peldaños de la puerta de la casa, ajena, ida, con los ojos perdidos en el horizonte del atardecer, con el cadáver del niño sobre el regazo...»

3. «...me entro en la casa, me siento en una silla frente a ti, y te observo y te hablo y te cuento todo lo que ha pasado durante el día y en vista de que no contestas, ni siquiera reconoces mi presencia, te hago muecas y cuento chascarillos y te canto, y nada, no te mueves, sigues mirando el barro y callas...»

F.   Composición y Discusión

1. La verdadera alegría
2. Las ventajas y desventajas de tener hijos
3. Lo que yo le diría a la mujer del cuento para consolarla

La otra muerte
ALFREDO CARDONA PÑA

Los hombres de batas blancas se quitaron las mascarillas asép-
ticas. El los veía confusos, como flotando en el aire, o como
en una escena submarina. Los ruidos eran cóncavos. Las
voces desprendían extraños ecos que vibraban un mo-
5   mento en el aire y desaparecían rápidos como peces.

—Ya no hay más que hacer —dijo uno, arrojando sus guantes
de goma—. ¡Está muerto!

Se encontraba tendido en una mesa de operaciones, con los
ojos enormemente abiertos e inmóviles, sin poder mover ni un dedo,
10 y al oír aquella frase se estremeció.

—Desnúdenlo y llévenlo a la morgue, para abrirlo mañana y
ver qué sucede en el cerebro.

—¿Por qué dicen eso? ¡Les aseguro que estoy vivo, con mil
rayos!

15 Pero nadie lo escuchaba. No podía moverse. Tenía los ojos
abiertos, abiertos, terriblemente inmóviles.

—Es peligroso llevarlo a la morgue, pues el monstruo puede
hacer lo que quiera —agregó otro.

—¿El monstruo? ¿Qué monstruo?

20 —¿No lo sabe? ¡Qué atrasado está de noticias, colega!

—¿Por qué?

—¡Por el monstruo, hombre! Desde hace varios días, los cadáveres amanecen sin ojos, porque el monstruo se los arranca...

—O se los come —terminó el camillero, haciendo un gesto de
25 engullir.

El hombre tendido en la mesa de operaciones sintió como si
le cayera una pared en el pecho.

—¿De qué están hablando? ¡Qué monstruo ni qué ocho cuartos! ¡Sáquenme de aquí, o soy capaz de...! ¡Oh, Dios mío, no puedo

---

1 batas *gowns*
6 guantes de goma *rubber gloves*
10 se estremeció (estremecerse) *to*
    shake, to shudder

11 Desnúdenlo (desnudar) *to undress*
13 ¡con mil rayos! *I can assure you!*
20 ¡Qué astrasado está de noticias!
    How behind you are on the times!

127

moverme! —Y comenzó a gemir, a gemir como un niño con hambre o como un gatito abandonado, pero sus gemidos no eran escuchados y los ojos continuaban abiertos e inmóviles. Lo desnudaron, lo pusieron sobre una camilla con ruedas y lo cubrieron con una
5   sábana amarillenta.

    —¡Vamos! Llévenlo a la morgue, pero tengan cuidado.

    Sintió que alguien empujaba la camilla, y luego el frío de la noche al atravesar el patio.

    —Eh, ¿qué hace usted? ¡Regrese, con mil demonios! ¡Regrese,
10   desgraciado!

    Minutos después la camilla se detuvo. Escuchó el chirriar de una cerradura, y el ruido que hacía una puerta metálica al abrirse. La camilla avanzó por un pasillo en tinieblas. Se abrió el candado de otra puerta y entraron en una sala que derramó un fuerte olor a
15   formol. Encendieron la luz. Había doce cuerpos sobre tantas planchas de mármol que atravesaban el centro de la sala de pared a pared. La última, a la izquierda, estaba vacía. Entre los cadáveres se encontraba el de un hombre gordo y calvo, con uñas lívidas y algodones en la nariz; el de una mujer joven, con los labios horrible-
20   mente pintados, las pestañas rizadas y una gran herida en la garganta; y el de un anciano de raza negra, largo y flaco como un faquir, la boca abierta y tres moscas reunidas en la comisura izquierda de los labios. Era un espectáculo repugnante, pero el camillero, acostumbrado a entrar y salir de ese lugar, agarró al
25   hombre que llevaba y lo dejó caer pesadamente en la plancha de mármol que estaba disponible.

    —¡Cuidado, idiota! —gritó con toda el alma empavorecida. Pero el grito fue pensamiento. Luchaba desesperadamente por moverse, mas la paralización seguía, y lo iban a dejar entre los muertos,
30   con los ojos abiertos e inmóviles.

    El camillero apagó la luz y salió, cerrando con candado y llave ambas puertas, respectivamente. Y él quedó sólo en medio de doce cadáveres, preso de la congoja más indescriptible. ¿Qué iba a suceder? Por la ventanilla se colaba una tenue luz. Transcurrieron
35   dos horas, que en aquella dimensión de sufrimiento fueron como

7	empujaba (empujar) *to push*		20	herida *wound*
11	chirriar *creaking*		22	moscas *flies*
12	cerradura *lock*			comisura *juncture (of lips)*
13	candado *padlock*		26	disponible *available*
14	derramó (derramar) *to pour out*		27	empavorecida *terrified*
15	formol *formaldahyde*		33	preso *imprisoned*
18	uñas *fingernails*		34	se colaba (colarse) *to filter*
19	algodones *pieces of cotton*			through

dos siglos. El hombre siguió luchando, luchando por moverse, poniendo en acción todos los recursos de su espíritu, hasta que creyó mover un dedo.

—Sí, sí, lo he movido... sigamos...

5 Transcurrió media hora más. De repente escuchó una especie de silbido, como el que haría una pelota de hule al desinflarse. Era el cadáver del hombre gordo y calvo que, como consecuencia de la dilatación gaseosa, se irguió, estuvo un rato sentado y volvió a caer lentamente. Fue tal la impresión, que el hombre comenzó a respirar 10 y a sudar, aunque sin moverse. Luego sucedió lo peor: alguien limaba las armellas del candado, allá en la puerta. Era un ruido muy fino, que se filtraba por sus oídos como una aguja.

—¿Quién será?

Se acordó de lo que habían dicho acerca del monstruo, y la 15 desesperación invadió su alma como una marea incontenible. El ruido cesó, la puerta empezó a abrirse y adivinó la presencia de un ser que jadeaba. Una sombra avanzó, arrastrándose. Ahora el jadeo se hizo más cercano.

—¡Dios mío! ¡Dios mío! —suplicaba el viviente de la plancha 20 número trece. El bulto, o lo que fuera, comenzó a moverse. Llegó ante él, y fue entonces cuando lo vio: como en el Libro de Job, sintió que se le «erizaba el pelo de su carne». Pasó una mirada salvaje sobre sus ojos inmóviles, tal la sombra de unas alas siniestras sobre un lago dormido. ¿Dormido? El encuentro fue cruel y perversa- 25 mente real, indudable y amenazador. ¡Oh, si estuviera soñando! ¡Si todo aquello no fuera más que la proyección ilusoria de un estado inconsciente! ¿Qué son las pesadillas, sino fragmentos carbonizados de la realidad? Pero no, no, él estaba allí, sin moverse, y el diabólico intruso lo miraba como quien observa algo largamente anhelado; 30 una risa de idiota, una horrenda risa de bruto vertebrado encendíale el gesto como una llama voraz. El hombre que lo veía sin poder moverse encogió su alma y su aliento, haciéndolos pequeñitos, ovillándolos, y deseó ardientemente estar muerto para no sufrir más aquella aparición.

6	pelota de hule *rubber ball*	22	se le erizaba (erizarse) el pelo de
8	se irguió (erguirse) *to become*		su carne. *The hair on his skin*
	erect, to sit up		*was standing up.*
10	limaba (limar) las armellas	23	alas siniestras *sinister wings*
	to file the eyebolts	27	pesadillas *nightmares*
12	aguja *needle*	32	aliento *breath*
15	marea incontenible	33	ovillándolos (ovillar)
	uncontainable tide		*to curl up into a ball*
17	jadeaba (jadear) *to pant*		

La sombra se alejó unos pasos, y viendo el cuerpo de la mujer se abalanzó sobre él y comenzó a succionarle los ojos, como si fueran limones o caracoles. Separó los párpados con sus labios, e inhaló fuertemente con un gruñido de satisfacción, arrancando los globos oculares.

El intruso se pasó el brazo por la boca y continuó con otro cadáver, y con otro. Uno por uno, los restos humanos iban siendo despojados de sus ojos, que engullía un ser espeluznante. Ya había devorado doce, y el hombre paralizado advirtió que se le acercaba, chorreando materias viscosas, jadeando, con una satánica alegría. Ya se inclinaba hacia él, ya sus ojos serían succionados. Entonces, con todas las fuerzas de su alma rompió las últimas ligaduras que lo ataban a la parálisis, y en un choque contra el terror y el asco gritó, gritó como nadie ha gritado jamás, y el grito sacudió la noche, desgarró de arriba abajo el velo de los sueños, atravesó el silencio como un puñal enfurecido: fue un «AAY» que parecía venir del fondo de los siglos, de épocas anteriores al lenguaje articulado, y los veladores corrieron y todo el mundo se puso en movimiento. El monstruo, herido por aquella descarga súbita, salió aullando de la morgue. Luego se escucharon varias detonaciones, y el ruido de un cuerpo al caer.

Acudieron a ver quién había gritado, y el hombre, pálido y tembloroso, se levantó, por fin, con toda su fuerza de ser vivo.

El llanto salía de su rostro como la lava de un volcán.

El pavoroso incidente produjo un escándalo que trajo como consecuencia la destitución en masa del personal médico que intervino, y del director del hospital. El hombre había sufrido por la mañana una conmoción cerebral, y sobrevino la muerte aparente, con abolición temporal de las facultades fisiológicas y respiratorias. Se había actuado con precipitación al declararlo fuera de este mundo. En cuanto al monstruo, quedó demostrado que se trataba

8	despojados *stripped, divested*	18	veladores *watchmen*
	engullía (engullir) *to gulp down*	19	descarga súbita *sudden discharge*
	espeluznante *hair-raising*	19	aullando (aullar) *to howl*
12	ligaduras *bonds*	26	destitución *dismissal*
13	ataban (atar) *to tie, to bind*	28	sobrevino (sobrevenir)
15	velo *veil*		*to happen, to take place*
16	puñal enfurecido *enraged dagger*	30	precipitación *haste*

de un loco fugado del manicomio. Un tiempo fue campeón de comedores de ostras del Caribe, pero las drogas lo convirtieron en un criminal, sumiendo su cerebro en los abismos profundos del delirio.

5 La víctima pasó mucho tiempo en su sanatorio estabilizando el sistema nervioso, y puso todo su empeño en cultivar el olvido. Olvidar fue en él más que un consejo médico, la base de su bienestar y el secreto de su salud. Además, estaba convencido de que la verdadera muerte, la legítima, es un juego de niños, un aspirar las rosas, un contemplar la sonrisa de los ángeles.

10 Después se casó y llevó su primer hijo al Registro Civil. Cuando el juez le preguntó qué nombre le pondría, contestó:

—Se llamará Lázaro, como yo.

Y todos rieron la ocurrencia, pues su nombre era Filiberto.

1	fugado (fugar) *to flee*	5	empeño *determination,*
	manicomio *insane asylum*		*persistence*
3	sumiendo (sumir) *to sink*	8	aspirar *to inhale*

EJERCICIOS

A.   Cuestionario

1.   ¿Qué declararon los médicos acerca del hombre que estaba en la mesa de operaciones?
2.   ¿Para qué llevaron el cuerpo a la morgue?
3.   ¿Por qué dijo un médico que era peligroso llevar el cuerpo a la morgue?
4.   ¿Por qué no tenían ojos los cadáveres que estaban en la morgue?
5.   ¿Por qué no oyeron los médicos los gemidos del viviente?
6.   ¿Por qué no podía moverse el viviente?
7.   Después de unas horas en la morgue, ¿qué ruidos oyó la víctima en la puerta?
8.   ¿Qué entró en la morgue?
9.   ¿Qué esfuerzo hizo la víctima para alejar al monstruo?
10.   ¿Qué escándalo se produjo en el hospital a causa del incidente?
11.   ¿Cómo era la enfermedad que tenía el protagonista?
12.   ¿Quién era el monstruo?
13.   ¿Para qué llevaron a la víctima al sanatorio?
14.   Para él, ¿cómo era la verdadera muerte?
15.   ¿Qué efecto duradero tenía el sobredicho acontecimiento en el protagonista?

B. Correcto — Incorrecto

1. El hombre que estaba en la mesa de operaciones estaba muerto.
2. El monstruo empujaba la camilla.
3. Había muchos cadáveres en la morgue.
4. Uno de los cadáveres se movió.
5. El monstruo era un ser humano.
6. En realidad la víctima estaba soñando.
7. El monstruo comía los oídos de los cadáveres.
8. Nadie en el edificio de la morgue oyó los gritos del viviente cuando espantó al monstruo.
9. El monstruo probablemente murió en el cuento.
10. La víctima ya está muy bien.

C. Eliminación

Escoja Ud. la palabra que no pertenece al grupo.

1. morgue, plancha, cadáver, cerebro
2. camilla, ruido, cama, sábana
3. cerradura, candado, pared, puerta
4. gemir, aullar, gruñir, suplicar
5. oídos, ocular, ojos, visión
6. risa, párpados, dedos, brazo
7. labios, aguja, pestañas, garganta
8. cara, rostro, manicomio, faz
9. médico, rueda, hospital, sanatorio
10. pelota, aparición, monstruo, diablo

D. Selección de la Palabra Correspondiente

Escoja Ud. la palabra de la columna B que se asocia más con la palabra de la columna A.

1.	cuerpo	a.	aullar
2.	aparición	b.	detonación
3.	gemir	c.	candado
4.	cara	d.	rostro
5.	cerradura	e.	cadáver
6.	descarga	f.	monstruo

E.   Traducción

Traduzca Ud. los pasajes siguientes al inglés.

1.   «¿De qué están hablando? ¡Qué monstruo ni qué ocho cuartos!
¡Sáquenme de aquí, o soy capaz de...! ¡Oh, Dios mío, no puedo
moverme! —Y comenzó a gemir, a gemir como un niño con hambre
o como un gatito abandonado, pero sus gemidos no eran escuchados y los ojos continuaban abiertos e inmóviles.»

2.   «Transcurrió media hora más. De repente escuchó una especie de
silbido, como el que haría una pelota de hule al desinflarse. Era el
cadáver del hombre gordo y calvo que, como consecuencia de la
dilatación gaseosa, se irguió, estuvo un rato sentado y volvió a caer
lentamente. Fue tal la impresión, que el hombre comenzó a respirar
y a sudar, aunque sin moverse.»

3.   «El pavoroso incidente produjo un escándalo que trajo como consecuencia la destitución en masa del personal médico que intervino,
y del director del hospital. El hombre había sufrido por la mañana
una conmoción cerebral, y sobrevino la muerte aparente, con abolición temporal de las facultades fisiológicas y respiratorias. Se había
actuado con precipitación al declararlo fuera de este mundo.»

F.   Composición y Discusión

1.   Los malos efectos de las drogas
2.   Las pesadillas son o no son fragmentos de la realidad
3.   La muerte, ¿fin o principio?

APÉNDICE 1:
COGNATES, ORTHOGRAPHY, AND WORD FORMATION

COGNATES

Since both Spanish and English originate from the Indo-European family of languages, there are many cognates or words which have similar spellings and meanings. Learning to recognize these cognates will immediately increase one's vocabulary and, therefore, one's reading comprehension. Cognates fall into the following categories:

A. True Cognates

True cognates are words which have exactly the same spellings and meanings in both languages:

natural	hospital
doctor	chocolate
tropical	impenetrable
animal	

B. Close Cognates

Close cognates are words that are similar in spelling, but not exact, and whose meanings are easily recognizable:

educación	montaña
primitivo	exótico
fragmento	examinar
aire	geográfico
importante	humano
zona	impedir

C. Difficult Cognates

Difficult cognates are words which have similar meanings in both languages, but which are not necessarily readily recognized due to etymological variations:

buitre	*vulture*	reemplazar	*to replace*
jeroglífico	*hieroglyphics*	decreto	*decree*
jerarquía	*hierarchy*	burguesía	*bourgeosie*

D. False Cognates

False cognates are words which have similar spellings in both languages, but which have totally different meanings:

largo	*long*	realizar	*to fulfill an ambition*
barco	*ship, boat*	fábrica	*factory*
constipado	*to have a cold*	restar	*to remain, to be left*
embarazada	*pregnant*	nudo	*knot*

ORTHOGRAPHIC AND SUFFIX EQUIVALENCY CHART

SPANISH	ENGLISH	EXAMPLES	
-ción	*-tion*	educación	*education*
-cia	*-cy*	democracia	*democracy*
-ista	*-ist*	turista	*tourist*
-tud	*-tude*	actitud	*attitude*
-encia	*-ence*	violencia	*violence*
	-ency	transparencia	*transparency*
-ancia	*-ance*	fragrancia	*fragrance*
-ente	*-ent*	inminente	*imminent*
-ble	*-ble*	posible	*possible*
-oso	*-ous*	fabuloso	*fabulous*
-mento	*-ment*	ornamento	*ornament*
-miento		envolvimiento	*involvement*
-ario	*-ary*	misionario	*missionary*
-mente	*-ly*	finalmente	*finally*
-dad	*-ty*	actividad	*activity*
-tad		libertad	*remedy*
-io	*-y*	remedio	*liberty*
-ia		colonia	*colony*
-ivo	*-ive*	positivo	*positive*
-ante*	*-ing*	refrescante	*refreshing*
-ismo	*-ism*	idealismo	*idealism*

NOTE: This equivalency does not always hold true for **-ante.**

ORTHOGRAPHIC CHANGES

A. Double Letters

The only doubling of letters that occurs in Spanish is **cc. Ll** and **rr** are each single letters.

acción	action	**maravilloso**	marvelous
profesor	professor	**carro**	car

B. Initial es

The initial **es** plus consonant in Spanish becomes **s** plus consonant in English:

especial	*s*pecial	**es**tablo	*s*table	**es**pacio	*s*pace

C. Other Changes

SPANISH	ENGLISH	EXAMPLES	
f	*ph*	filosofía	*ph*iloso*ph*y
t	*th*	teología	*th*eology
i	*y*	sílaba	*sy*llable

WORD FORMATION

Recognizing roots and suffixes of words greatly enhances one's ability to ascertain word meanings. For example, **anza** is a common suffix which is used in the formation of abstract or intangible nouns. Adding **anza** to the root of the verb **esperar** *(to wait, to hope)* forms **esperanza** *(hope)*.

A. Common Suffixes in abstract nouns

SUFFIX	EXAMPLE	ENGLISH
-acia	democracia	*democracy*
-ación	preservación	*preservation*
-ancia	tolerancia	*tolerance*
-anza	andanza	*event*
-ción	infracción	*infraction*
-dad	verdad	*truth*
-encia	experiencia	*experience*

-eza	belleza	*beauty*
-ía	cobardía	*cowardice*
-icia	malicia	*malice*
-icio	sacrificio	*sacrifice*
-ición	perdición	*perdition*
-idad	inmoralidad	*immorality*
-ismo	comunismo	*communism*
-itud	plenitud	*plenitude*
-miento	refinamiento	*refinement*
-sión	pasión	*passion*
-ura	blancura	*whiteness*

B. Common Suffixes in Nouns Pertaining to Occupations or Professions

SUFFIX	EXAMPLE	ENGLISH
-ado	abogado	*lawyer*
-ador	administrador	*administrator*
-ante	cantante	*singer*
-ario	impresario	*impresario*
-ero	cartero	*mailman*
-or	doctor	*doctor*
-sor	profesor	*professor*
-tor	escritor	*writer*

C. Common Suffixes in Augmentatives

SUFFIX	EXAMPLE	ENGLISH
-azo	golpazo	*heavy blow*
-ón	sillón	*large chair*
-ona	casona	*large house*
-ote	grandote	*huge*

D. Common Suffixes in Diminutives

SUFFIX	EXAMPLE	ENGLISH
-ico	gatico	*small cat, kitten*
-illo	panecillo	*small bread, roll*
-ín	chiquitín	*little boy*
-ita	mesita	*small table*
-ito	amiguito	*little friend*

E.   Common Suffixes in Adjectives

SUFFIX	EXAMPLE	ENGLISH
-able	variable	*variable*
-al	nacional	*national*
-ante	fascinante	*fascinating*
-ente	aparente	*apparent*
-ero	pasajero	*transitory, temporary*
-ible	posible	*possible*
-ico	retórico	*rhetorical*
-ivo	expresivo	*expressive*
-orio	contradictorio	*contradictory*
-oso	maravilloso	*marvelous*
-udo	barrigudo	*pot-bellied*

F.   Common Suffixes in Adjectives Pertaining to National Origin

SUFFIX	EXAMPLE	ENGLISH
-án	alemán	*German*
-ano	boliviano	*Bolivian*
-ego	noruego	*Norwegian*
-eno	chileno	*Chilean*
-eño	madrileño	*one from Madrid*
-ense	estadounidense	*one from the United States*
-és	inglés	*English*
-ino	argentino	*Argentine*

PREFIXES

Since the prefixes of both Spanish and English originate from either Latin or Greek, the meanings and functions of the prefixes in both languages are basically the same. Some examples follow.

PREFIX	MEANING	EXAMPLE	ENGLISH
ab-, abs-	*away, from, down, from off*	abdicar	*to abdicate*
ambi-	*both*	ambivalente	*ambivalent*
ana-	*upward, again, throughout*	analogía	*analogy*
anfi-	*around, duality*	anfiteatro	*amphitheater*
anti-	*against*	antisocial	*antisocial*
arcai-, archi-	*primitive*	arcaizante	*something archaic*
archi-, arqui-	*chief, first*	archipiélago	*archipelago*

PREFIX	MEANING	EXAMPLE	ENGLISH
ben-, bene-	*good*	bendecir	*to bless*
bi-, bis-	*twice*	bisnieto	*great-grandchild*
cat-, cata-	*downward*	catarata	*cataract*
circum-	*around*	circumambiente	*surrounding*
con-	*with, together*	contacto	*contact*
contra-	*against*	contrarreforma	*counterreform*
de-, des-	*to take away*	desaparecer	*to disappear*
di-	*twice, double*	diplopía	*double vision*
dia-	*through, across*	diagrama	*diagram*
dis-	*outside of*	disgusto	*disgust*
em-, en-	*to put into*	encerrar	*to lock up*
entre-	*between, among*	entremeter	*to put one thing between others*
epi-	*on, upon, over*	epígrafe	*epigraph*
eu-	*good, well*	euforia	*euphoria*
ex-, extra-	*outside of*	extraordinario	*out of the ordinary*
hiper-	*above, excess*	hipérbole	*hyperbole*
i-, im-, -in	*negation*	impenetrable	*impenetrable*
infra-	*below, beneath*	infrahumano	*subhuman*
meta-	*change, along with*	metarora	*metaphor*
ob-	*before*	obstáculo	*obstacle*
para-	*alongside of*	paralelogramo	*parallelogram*
pen-, pene-	*almost*	penúltimo	*penultimate*
peri-	*around*	periferia	*periphery*
pre-	*before, in front of*	preposición	*preposition*
pro-	*before, in place of, instead of*	proverbio	*proverb*
retro-	*backward*	retroactivo	*retroactive*
sim-, sin-	*with*	sincronizar	*to synchronize*
so-, sub-	*under, below*	subnormal	*subnormal*
son-, sus-	*to diminish or lessen*	sonrosar	*to blush, to dye*
super-	*over, above*	superfino	*superfine*
trans-, tras-	*across, over*	transferir	*to transfer*
ultra-	*beyond*	ultravioleta	*ultraviolet*
vi-, vice-	*in place of*	vicepresidente	*vice president*

APÉNDICE 2:
GRAMMAR REVIEW

VERB TENSES

A. Present Indicative Tense

The three conjugations of the regular present indicative tense correspond to the three verb endings: **-ar, -er,** and **-ir.**

1. First Conjugation: verbs ending with **-ar**

   tomar   *to take, to drink*

tomo	*I take, I am taking, I will take*
tomas	*you (familiar) take, you are taking, you will take*
toma	*you (polite) take, you are taking, you will take*
	he, she, it takes, is taking, will take
tomamos	*we take, we are taking, we will take*
tomáis	*you (fam. pl.) take, you are taking, you will take*
toman	*you (pol. pl.) take, you are taking, you will take*
	they take, they are taking, they will take

2. Second Conjugation: verbs ending with **-er**

   aprender   *to learn*

aprendo	*I learn, I am learning, I will learn*
aprendes	*you (familiar) learn, you are learning, you will learn*
aprende	*you (polite) learn, you are learning, you will learn*
	he, she, it learns, is learning, will learn
aprendemos	*we learn, we are learning, we will learn*
aprendéis	*you (fam. pl.) learn, you are learning, you will learn*
aprenden	*you (pol. pl.) learn, you are learning, you will learn*
	they learn, they are learning, they will learn

3. Third Conjugation: verbs ending with **-ir**

   escribir   *to write*

escribo	*I write, I am writing, I will write*
escribes	*you (familiar) write, you are writing, you will write*

escribe	*you (polite) write, you are writing, you will write*
	he, she writes, is writing, will write
escribimos	*we write, we are writing, we will write*
escribís	*you (fam. pl.) write, you are writing, you will write*
escriben	*you (pol. pl.) write, you are writing, you will write*
	they write, they are writing, they will write

4. Irregular Present-Tense Verbs

   a. The following verbs are irregular only in the first person singular of the present indicative tense. The rest of the conjugations of the verbs are regular in the present tense.

hacer:	**hago,** haces, hace, hacemos, hacéis, hacen
poner:	**pongo**
salir:	**salgo**
valer:	**valgo**
conocer:	**conozco**
parecer:	**parezco**
producir:	**produzco**
traducir:	**traduzco**
caer:	**caigo**
traer:	**traigo**
caber:	**quepo**
dar:	**doy**
saber:	**sé**
ver:	**veo**

   b. The following are irregular verbs which appear frequently:

decir:	digo, dices, dice, decimos, decís, dicen
estar:	estoy, estás, está, estamos, estáis, están
haber:	he, has, ha, hemos, habéis, han
ir:	voy, vas, va, vamos, vais, van
oír:	oigo, oyes, oye, oímos, oís, oyen
ser:	soy, eres, es, somos, sois, son
tener:	tengo, tienes, tiene, tenemos, tenéis, tienen
venir:	vengo, vienes, viene, venimos, venís, vienen

   c. Stem-changing verbs in the present indicative tense fall into one of three classes.

      1. **e** to **ie**

pensar *to think*

pienso	pensamos
piensas	pensáis
piensa	piensan

Other verbs with this stem change are as follows:

cerrar   *to close*
comenzar   *to begin*
perder   *to lose*
querer   *to want, to love*
sentir   *to regret, to feel sorry*

Note: There is no stem change in the first and second persons plural of the present tense conjugation.

2.   **o** to **ue**

dormir   *to sleep*

duermo	dormimos
duermes	dormís
duerme	duermen

Other verbs with this stem change are as follows:

contar   *to count*
morir   *to die*
mover   *to move*
poder   *to be able to*
volver   *to return*

3.   **e** to **i**

pedir   *to ask for*

pido	pedimos
pides	pedís
pide	piden

Other verbs with this stem change are as follows:

conseguir   *to get, to obtain*
reír   *to laugh*
seguir   *to continue, to follow*
servir   *to serve*

B.   Imperfect Indicative Tense

There are two conjugations of the regular imperfect indicative tense:

1.   Verbs Ending in **-ar**

hablar   *to speak*

hablaba   *I was speaking, I used to (would) speak*
hablabas   *you (familiar) were speaking, you used to (would) speak*

hablaba	*you (polite) were speaking, you used to (would) speak*
	he, she, it was speaking, used to (would) speak
hablábamos	*we were speaking, we used to (would) speak*
hablabais	*you (fam. pl.) were speaking, you used to (would) speak*
hablaban	*you (pol. pl.) were speaking, you used to (would) speak*
	they were speaking, they used to (would) speak

2. Verbs Ending in **-er** and **-ir**

comer *to eat*

comía	*I was eating, I used to (would) eat*
comías	*you (familiar) were eating, you used to (would) eat*
comía	*you (polite) were eating, you used to (would) eat*
	he, she, it was eating, used to (would) eat
comíamos	*we were eating, we used to (would) eat*
comíais	*you (fam. pl.) were eating, you used to (would) eat*
comían	*you (pol. pl.) were eating, you used to (would) eat*
	they were eating, they used to (would) eat

vivir *to live*

vivía	*I was living, I used to (would) live*
vivías	*you (familiar) were living, you used to (would) live*
vivía	*you (polite) were living, you used to (would) live*
	he, she, it was living, used to (would) live
vivíamos	*we were living, we used to (would) live*
vivíais	*you (fam. pl.) were living, you used to (would) live*
vivían	*you (pol. pl) were living, you used to (would) live*
	they were living, they used to (would) live

3. Irregular Imperfect Forms

The following are the only irregular verbs in the imperfect tense:

ir: iba, ibas, iba, íbamos, ibais, iban
ser: era, eras, era, éramos, erais, eran
ver: veía, veías, veía, veíamos, veíais, veían

C. Preterit Indicative Tense

There are two conjugations of the regular preterit tense:

1. Verbs Ending in **-ar**

trabajar *to work*

trabajé	*I worked*
trabajaste	*you (familiar) worked*

trabajó	*you (polite) worked*
	he, she, it worked
trabajamos	*we worked*
trabajasteis	*you (fam. pl.) worked*
trabajaron	*you (pol. pl.) worked*
	they worked

2.   Verbs Ending in **-er** and **-ir**

entender   *to understand*

entendí	*I understood*
entendiste	*you (familiar) understood*
entendió	*you (polite) understood*
	he, she, it understood
entendimos	*we understood*
entendisteis	*you (fam. pl.) understood*
entendieron	*you (pol. pl.) understood*
	they understood

descubrir   *to discover*

descubrí	*I discovered*
descubriste	*you (familiar) discovered*
descubrió	*you (polite) discovered*
	he, she, it discovered
descubrimos	*we discovered*
descubristeis	*you (fam. pl.) discovered*
descubrieron	*you (pol. pl.) discovered*
	they discovered

3.   Irregular Preterit Forms

a.   In most cases, the irregular stem in the preterit tense remains the same in all persons of the conjugation. Thus, learning the first person will facilitate conjugation of the remaining persons. The following is a list of commonly used irregular preterit verbs.

andar:	anduve, anduviste, anduvo, anduvimos, anduvisteis, anduvieron
caber:	cupe, cupiste, cupo, cupimos, cupisteis, cupieron
estar:	estuve, estuviste, estuvo, estuvimos, estuvisteis, estuvieron
haber:	hube, hubiste, hubo, hubimos, hubisteis, hubieron
poder:	pude, pudiste, pudo, pudimos, pudisteis, pudieron
poner:	puse, pusiste, puso, pusimos, pusisteis, pusieron
saber:	supe, supiste, supo, supimos, supisteis, supieron
tener:	tuve, tuviste, tuvo, tuvimos, tuvisteis, tuvieron

decir:	dije, dijiste, dijo, dijimos, dijisteis, dijeron
hacer:	hice, hiciste, hizo, hicimos, hicisteis, hicieron
querer:	quise, quisiste, quiso, quisimos, quisisteis, quisieron
venir:	vine, viniste, vino, vinimos, vinisteis, vinieron
traer:	traje, trajiste, trajo, trajimos, trajisteis, trajeron
ser: **ir:**	fui, fuiste, fue, fuimos, fuisteis, fueron
dar:	di, diste, dio, dimos, disteis, dieron

b. Verbs ending in **-car, -gar,** and **-zar,** as well as verbs whose stems end in a vowel have orthographic changes in the preterit tense.

buscar *to look for*	**llegar** *to arrive*	**empezar** *to begin*
busqué	llegué	empecé
buscaste	llegaste	empezaste
buscó	llegó	empezó
buscamos	llegamos	empezamos
buscasteis	llegasteis	empezasteis
buscaron	llegaron	empezaron

oír *to hear*	**leer** *to read*
oí	leí
oíste	leíste
oyó	leyó
oímos	leímos
oísteis	leísteis
oyeron	leyeron

4. Stem Changes in the Preterit Tense

a. Certain **-ir** verbs which have a stem change in the present tense have a different stem change in the preterit. Note that this change occurs in the third persons singular and plural and that the change is either from **e** to **i** or from **o** to **u.**

pedir *to ask for*	**dormir** *to sleep*
pedí	dormí
pediste	dormiste
pidió	durmió
pedimos	dormimos
pedisteis	dormisteis
pidieron	durmieron

b. Other verbs which have similar changes are as follows:

divertirse *to enjoy oneself*
servir *to serve*
mentir *to lie*
seguir *to follow*

D. Uses of the Preterit and Imperfect Tenses

1. Preterit Tense

   a. The preterit is used for an action that occurred in the past and is considered to be over. It is the narrative tense and indicates an action with a beginning and an end.

   Ayer fui al centro.
   Llamé a Carlos.
   Me escribió una carta.

   b. A series of actions in the past which is shown to be ended is illustrated with the preterit and is considered as one single action.

   Ellos me escribieron tres veces el año pasado.
   En 1952 vino a verme dos veces.

2. Imperfect Tense

   a. The imperfect views the past as it was actually taking place. The emphasis is on the continuation of the action, rather than the completion of the action. The imperfect does not consider outcome, as the action is related as though it were being viewed at the time it happened. Some uses are:

   1. A repeated or habitual past action—without regard to the eventual end of the action—is shown by the imperfect. This reflects the English terms *would* or *used to*.

   Todas las noches **comía** a las cinco.
   Siempre **practicaban** el español en la clase.
   Aprendía el español cuando **estaba** en la escuela.

   2. Most general descriptions in the past take the imperfect.

   El profesor **era** inteligente.
   La casa **se encontraba** en la esquina.
   Hacía mucho frío en el invierno.

   3. When one action is in progress and another interrupts it, the action which was in progress takes the imperfect tense and the interrupting action takes the preterit tense.

   Yo **estudiaba** cuando ellos **llegaron.**
   ¿Qué **hacías** cuando yo **llamé?**
   Ella **dormía** cuando **oyó** el ruido.

   4. If two actions were both occurring at the same time without interrupting each other, both verbs are in the imperfect.

Mientras yo **leía** ella **cosía.**
Nosotros **hablábamos** y **comíamos.**

5. Most mental activity such as emotions, opinions, or states of mind in the past are described with the imperfect.

No **sabía** qué decir.
Me sentía contento.
No me **gustaba** su casa.

6. Time in the past is described with the imperfect.

¿Qué hora **era?**
Eran las nueve.

b. Certain verbs have a change in meaning when used in the two past tenses.

	PRETERIT	IMPERFECT
saber:	**supe** *I found out*	**sabía** *I knew*
conocer:	**conocí** *I met*	**conocía** *I knew*
poder:	**pude** *I succeeded in* (*managed*)	**podía** *I was able* (*had ability*)
querer:	**quise** *I tried*	**quería** *I wanted (to)*
	no quise *I refused*	**no quería** *I didn't want (to)*

E. Future Indicative Tense

1. All regular verbs have the same endings in the future tense, regardless of the infinitive ending. Note that an ending is attached directly to the entire infinitive.

estudiar   *to study*

estudiar**é**	*I will (shall) study*
estudiar**ás**	*you (familiar) will study*
estudiar**á**	*you (polite) will study* / *he, she will study*
estudiar**emos**	*we will (shall) study*
estudiar**éis**	*you (fam. pl.) will study*
estudiar**án**	*you (pol. pl.) will study* / *they will study*

beber   *to drink*

beber**é**	*I will (shall) drink*
beber**ás**	*you (familiar) will drink*
beber**á**	*you (polite) will drink* / *he, she will drink*

beberemos	we will (shall) drink
beberéis	you (fam. pl.) will drink
beberán	you (pol. pl.) will drink
	they will drink

insistir   *to insist*

insistiré	I will (shall) insist
insistirás	you (familiar) will insist
insistirá	you (polite) will insist
	he, she will insist
insistiremos	we will (shall) insist
insistiréis	you (fam. pl.) will insist
insistirán	you (pol. pl.) will insist
	they will insist

2. Another way to express the future can be formed by using the construction **ir a** plus infinitive.

Voy a estudiar.	I am going to study.
Va a salir.	He is going to leave.
Vamos a comer.	We are going to eat.

F.   Conditional Indicative Tense

1. As in the future tense, all regular verbs have the same endings in the conditional tense, and endings are attached to the entire infinitive.

bailar   *to dance*

bailaría	I would dance
bailarías	you (familiar) would dance
bailaría	you (polite) would dance
	he, she would dance
bailaríamos	we would dance
bailaríais	you (fam. pl.) would dance
bailarían	you (pol. pl.) would dance
	they would dance

comprender   *to understand*

comprendería	I would understand
comprenderías	you (familiar) would understand
comprendería	you (polite) would understand
	he, she would understand
comprenderíamos	we would understand
comprenderíais	you (fam. pl.) would understand

comprenderían	*you (pol. pl.) would understand*
	they would understand

escribir *to write*

escribiría	*I would write*
escribirías	*you (familiar) would write*
escribiría	*you (polite) would write*
	he, she would write
escribiríamos	*we would write*
escribiríais	*you (fam. pl.) would write*
escribirían	*you (pol. pl.) would write*
	they would write

2. Irregular Future and Conditional Verbs

All verbs which are irregular in the future tense are also irregular in the conditional tense, and vice versa. The stem is irregular in form, but the endings are equal to those of regular verbs in these tenses. Thus, after **poder,** only the first person singular is given.

INFINITIVE	FUTURE	CONDITIONAL
poder *to be able*	podré	podría
	podrás	podrías
	podrá	podría
	podremos	podríamos
	podréis	podríais
	podrán	podrían
poner *to put*	pondré	pondría
salir *to leave*	saldré	saldría
tener *to have*	tendré	tendría
valer *to be worth*	valdré	valdría
venir *to come*	vendré	vendría
caber *to fit*	cabré	cabría
decir *to tell*	diré	diría
haber *to have*	habré	habría
hacer *to do, make*	haré	haría
querer *to want, love*	querré	querría
saber *to know*	sabré	sabría

G. Perfect Tenses

1. All perfect tenses are formed by combining a conjugated form of **haber** with a past participle. The past participle is formed using the following forms for regular verbs:

verbs ending in **-ar**	**ado**	tomado, hablado
verbs ending in **-er, -ir**	**ido**	comido, vivido

2. Certain verbs have irregular past participle forms:

abrir:	**abierto**	morir:	**muerto**
componer:	**compuesto**	resolver:	**resuelto**
cubrir:	**cubierto**	romper:	**roto**
decir:	**dicho**	poner:	**puesto**
escribir:	**escrito**	ver:	**visto**
hacer:	**hecho**	volver:	**vuelto**

3. The following is a listing with examples of the perfect tenses:

a. Present Perfect Indicative

hablar   *to speak*

he hablado	*I have spoken*
has hablado	*you (familiar) have spoken*
ha hablado	*you (polite) have spoken*
	he, she has spoken
hemos hablado	*we have spoken*
habéis hablado	*you (fam. pl.) have spoken*
han hablado	*you (pol. pl.) have spoken*
	they have spoken

b. Pluperfect Indicative

correr   *to run*

había corrido	*I had run*
habías corrido	*you (familiar) had run*
había corrido	*you (polite) had run*
	he, she had run
habíamos corrido	*we had run*
habíais corrido	*you (fam. pl.) had run*
habían corrido	*you (pol. pl.) had run*
	they had run

c. Preterit Perfect Indicative

venir   *to come*

hube venido	*I had come*
hubiste venido	*you (familiar) had come*
hubo venido	*you (polite) had come*
	he, she had come
hubimos venido	*we had come*
hubisteis venido	*you (fam. pl.) had come*
hubieron venido	*you (pol. pl.) had come*
	they had come

d. Future Perfect Indicative

trabajar *to work*

habré trabajado	*I will (shall) have worked*
habrás trabajado	*you (familiar) will have worked*
habrá trabajado	*you (polite) will have worked*
	he, she will have worked
habremos trabajado	*we will (shall) have worked*
habréis trabajado	*you (fam. pl.) will have worked*
habrán trabajado	*you (pol. pl.) will have worked*
	they will have worked

e. Conditional Perfect Indicative

ver *to see*

habría visto	*I would have seen*
habrías visto	*you (familiar) would have seen*
habría visto	*you (polite) would have seen*
	he, she would have seen
habríamos visto	*we would have seen*
habríais visto	*you (fam. pl.) would have seen*
habrían visto	*you (pol. pl.) would have seen*
	they would have seen

f. Present Perfect Subjunctive.

estar *to be*

haya estado	*I may have been*
hayas estado	*you (fam.) may have been*
haya estado	*you (polite) may have been*
	he, she may have been
hayamos estado	*we may have been*
hayáis estado	*you (fam. pl.) may have been*
hayan estado	*you (pol. pl.) may have been*
	they may have been

g. Pluperfect Subjunctive

ir *to go*

hubiera ido	*I had gone, I might have gone*
hubieras ido	*you (fam.) had gone, you might have gone*
hubiera ido	*you (polite) had gone, you might have gone*
	he, she had gone, might have gone
hubiéramos ido	*we had gone, we might have gone*
hubierais ido	*you (fam. pl.) had gone,*
	you might have gone

hubieran ido   *you (pol. pl.) had gone,*
                      you might have gone
                      they had gone, they might have gone

H. Progressive Tenses

1. The progressive tenses are generally formed by combining a conjugated form of **estar** with a present participle. It is also possible to use the conjugated forms of **seguir, ir, andar, venir,** and **continuar** with the present participle. The present participle is formed using the following forms for regular verbs:

-ar verbs	**-ando**	tocando, bailando
-er and **-ir** verbs	**-iendo**	bebiendo, escribiendo

2. Certain verbs have irregular present participle forms:

dormir:	**durmiendo**	pedir:	**pidiendo**
morir:	**muriendo**	ir:	**yendo**
poder:	**pudiendo**	servir:	**sirviendo**
reír:	**riendo**	creer:	**creyendo**
seguir:	**siguiendo**	caer:	**cayendo**
traer:	**trayendo**	huir:	**huyendo**
decir:	**diciendo**	leer:	**leyendo**
divertirse:	**divirtiéndose**	oír:	**oyendo**

I. Subjunctive Mood

1. The subjunctive mood is generally used in compound sentences, and it appears in the subordinate clause. Understanding the concept of the subjunctive is not necessary for the purpose of reading comprehension, since its translation is generally the same as that of the indicative mood. Note that at times in translating from Spanish to English the words *may, might,* or *would* may be used to indicate conjecture or doubt. The following are examples of the subjunctive in subordinate clauses:

Siento que él esté enfermo.	*I am sorry that he is ill.*
Me alegro que ella venga.	*I am happy that she is coming (may come).*
Ojalá que viniera.	*I wish that he would come (were coming).*

a. Formation of the Present Subjunctive

1. Present subjunctive forms differ from present indicative forms in that verbs ending in **-ar** change the final vowel to

e, and verbs ending in **-er** and **-ir** change the final vowel to **a.**

hablar	comer	vivir
hable	coma	viva
hables	comas	vivas
hable	coma	viva
hablemos	comamos	vivamos
habléis	comáis	viváis
hablen	coman	vivan

2. To form the present subjunctive of verbs that are irregular in the first person singular of the indicative only, drop the final **o** and replace it with an **a,** using regular subjunctive endings.

salir: salga, salgas, salga, salgamos, salgáis, salgan
decir: diga, digas, diga, digamos, digáis, digan

Note: Other verbs of this type are found under "Irregular Present Tense Verbs" in this appendix.

3. Certain verbs are completely irregular in the subjunctive. Those most commonly used are:

estar: esté, estés, esté, estemos, estéis, estén
dar: dé, des, dé, demos, deis, den
haber: haya, hayas, haya, hayamos, hayáis, hayan
ir: vaya, vayas, vaya, vayamos, vayáis, vayan
saber: sepa, sepas, sepa, sepamos, sepáis, sepan
ser: sea, seas, sea, seamos, seáis, sean

b. Formation of the Imperfect Subjunctive

1. The imperfect subjunctive is always formed from the stem of the third person plural of the preterit tense. There are no exceptions.

tomar *to take*	volver *to return*	salir *to leave*
tomara	volviera	saliera
tomaras	volvieras	salieras
tomara	volviera	saliera
tomáramos	volviéramos	saliéramos
tomarais	volvierais	salierais
tomaran	volvieran	salieran

2. The irregular forms of the preterit must be known in order to form the irregular imperfect subjunctive:

tener: tuvieron *(third person pl. preterit)*
              tuviera *(irreg. imperf. subj.)*
andar: anduvieron *(third person pl. preterit)*
              anduviera *(irreg. imperf. subj.)*

Note: Other irregular preterit verbs are listed under "Irregular Preterit Forms" in this appendix.

3. There is also another, less used ending of the imperfect subjunctive; however, there is no difference in meaning between the two endings.

hablar: hablase *(the other form is* **hablara,**
           which has already been explained)
vivir: viviese *(the other form is* **viviera)**
decir: dijese *(the other form is* **dijera)**

J.   Commands

1. The following is a synopsis of command formation:

INFINITIVE	USTED	USTEDES	TÚ	VOSOTROS
cantar	cante	canten	canta	cantad
	no cante	no canten	no cantes	no cantéis
comer	coma	coman	come	comed
	no coma	no coman	no comas	no comáis
vivir	viva	vivan	vive	vivid
	no viva	no vivan	no vivas	no viváis

a. To form the **usted** and **ustedes** commands, which are irregular in the first person singular of the present indicative, drop the final **o** and change it to **a** or **an.**

hacer: haga, hagan
venir: venga, vengan

b. The following verbs are completely irregular in the polite (formal) command forms:

dar: dé, den
estar: esté, estén
haber: haya, hayan
ir: vaya, vayan
saber: sepa, sepan
ser: sea, sean

c. The following verbs are irregular in the familiar **(tú)** command forms:

decir: di, no digas
hacer: haz, no hagas

ir:	ve, no vayas
poner:	pon, no pongas
salir:	sal, no salgas
ser:	sé, no seas
tener:	ten, no tengas
venir:	ven, no vengas

2. *Let us* Construction

There are two constructions which express *let us* in the affirmative:

a. The present subjunctive form of the first person plural:

entremos	*let's enter*
escribamos	*let's write*
salgamos	*let's leave*

b. The **vamos a** plus infinitive construction:

vamos a entrar	*let's enter*
vamos a escribir	*let's write*
vamos a salir	*let's leave*

NOTE: In the negative, only the subjunctive form may be used.

no entremos	*let's not enter*
no escribamos	*let's not write*
no salgamos	*let's not leave*

NOTE: **Vamos** is generally used to express *let's go*. **No vayamos** expresses *let's not go*.
A ver is often substituted for **vamos a ver** to express *let's see*.

K. Articles

All articles, whether definite or indefinite, agree in number and in gender with the nouns they modify.

1. Definite Articles: *the*

	MASCULINE	FEMININE
SINGULAR	el libro	la pluma
PLURAL	los libros	las plumas

2. Indefinite Articles: *a, some*

	MASCULINE	FEMININE
SINGULAR	un libro	una pluma
PLURAL	unos libros	unas plumas

NOTE: **unos** and **unas** mean *some, several,* or *various.*

L. Adjectives

1. Adjectives agree in gender and in number with the nouns they modify. Generally, descriptive adjectives (color, size, shape, qualities, nationality, religion, etc.) follow the modified noun. Limiting adjectives (numbers, possessives, demonstratives, quantitatives) and adjectives which describe inherent qualities such as "white snow" precede the noun.

la casa blanca	muchos estudiantes
la profesora francesa	tres libros
el hombre católico	la blanca nieve

2. Some adjectives have different meanings, according to their placement, with regard to the noun.

mi cara mamá	*my dear mother*
mi traje caro	*my expensive suit*
mi viejo amigo	*my old friend (I've known him for a long time)*
mi amigo viejo	*my old friend (he's old in years)*
Es un gran hombre.	*He is a great man.*
Es un hombre grande.	*He is a big (size) man.*

3. All nouns and adjectives are pluralized in the following manner:

   a. A word that ends in a vowel is pluralized by adding **s** to the final vowel.

   casa   casas   inteligente   inteligentes

   b. A word that ends in a consonant is pluralized by adding **es** to the final consonant. A word that ends in **z** is pluralized by changing the **z** to **c** and then adding **es.**

   español   españoles   joven   jóvenes   lápiz   lápices

M. Pronouns

1. Subject Pronouns

SINGULAR		PLURAL	
yo	*I*	**nosotros**	*we (masculine)*
tú	*you (familiar)*	**nosotras**	*we (feminine)*
usted	*you (polite)*	**vosotros**	*you (m., fam. pl.)*
él	*he*	**vosotras**	*you (f., fam. pl.)*
ella	*she*	**ustedes**	*you (pol. pl.)*
		ellos	*they (m.)*
		ellas	*they (f.)*

NOTE: The subject pronoun is often omitted when the conjugated verb identifies the person of the verb:

Voy ahora.   *I am going now.*

2.   Direct Object Pronouns

SINGULAR		PLURAL	
me	*me*	**nos**	*us*
te	*you (fam.)*	**os**	*you (fam. pl.)*
lo	*him, it, you (m.)*	**los**	*them, you (masc. pol.)*
le	*him, you (m.)*	**las**	*them, you (fem. pol.)*
la	*her, it, you. (f.)*		

Direct object pronouns generally represent persons or things that directly receive the action of the verb. They may answer the questions "what?" or "whom?".

Yo **lo** vi ayer.	*I saw him (it) yesterday.*
Ella **me** conoce.	*She knows me.*
Las compro mañana.	*I'll buy them tomorrow.*

3.   Indirect Object Pronouns

SINGULAR		PLURAL	
me	*me*	**nos**	*us*
te	*you (fam.)*	**os**	*you (fam. pl.)*
le	*you (pol.), him, her*	**les**	*you (pol. pl.) them*

The indirect object pronoun generally tells to whom or for whom an action is directed.

Yo **le** doy el dinero.	*I give him (her, you) the money.*
Nos hablan en español.	*They speak to us in Spanish.*
Ella **me** compró una camisa.	*She bought me a shirt.*

4.   Reflexive Pronouns

SINGULAR		PLURAL	
me	*myself*	**nos**	*ourselves*
te	*yourself (fam.)*	**os**	*yourselves (fam. pl.)*
se	*yourself (pol.), himself, herself*	**se**	*yourselves (pol. pl.), themselves*

Reflexive pronouns are used when the subject (or subjects) performs an action to, for, or on itself (themselves). Often the idea of "self" is understood in the English translation.

Me levanto a las ocho.	*I get (myself) up at eight o'clock.*
Ella se lava.	*She washes (herself).*
Me compré un coche.	*I bought myself a car.*

NOTE: At times **se** is used as an impersonal subject or in the passive voice construction.

Se habla español aquí.   *Spanish is spoken here.*
Se abrió la puerta.   *The door was opened.*

5. Placement of Direct, Indirect, and Reflexive Object Pronouns

a. Used with a conjugated verb of any tense, all pronouns (except subject pronouns) are placed before the verb.

Lo vio.
No la escribí.

b. Used with a compound verb form in which the second verb is an infinitive, the pronoun may either be attached to the infinitive or may directly precede the conjugated verb.

Quiero ver**lo.**
Lo quiero ver.

c. In a progressive construction the pronoun may either be attached to the present participle, or it may precede the conjugated verb.

Estamos estudiánd**olo.**
Lo estamos estudiando.

d. When the pronoun is used with the gerund alone, it must be attached to the gerund.

Leyénd**olo** se aprende mucho.   *By reading it, one learns a lot.*

e. Used with commands, the pronoun is attached to an affirmative command and directly precedes a negative command.

Tráiga**lo** Ud.
No **lo** traiga Ud.

f. When a direct and an indirect object pronoun are used in the same sentence, apply rules (a) through (e) above, with the indirect object always preceding the direct object. In any combination of third person object pronouns, **le** and **les** become **se** before a direct object pronoun starting with the letter **I.**

Carlos **me lo** escribe.   *Charles writes it to me.*
María quiere entregár**mela.** *Mary wants to hand it over to me.*
Estoy leyénd**oselo** a él.   *I am reading it to him.*
Tráiga**melo.**   *Bring it to me.*
No **se los** des a ella.   *Do not give them to her.*

6. Prepositional Object Pronouns

SINGULAR		PLURAL	
mí	*me*	**nosotros**	*us (m.)*
ti	*you (fam.)*	**nosotras**	*us (f.)*
usted	*you (pol.)*	**vosotros**	*you (m., fam. pl.)*
él	*him*	**vosotras**	*you (f., fam. pl.)*
ella	*her*	**ustedes**	*you (pol. pl.)*
		ellos	*them (m.)*
		ellas	*them (f.)*

Prepositional object pronouns directly follow prepositions, such as the following:

a, de, con, sin, para, por, contra, en, entre, hacia, según, tras
El regalo es para **ti.**
Según **él,** es la verdad.
La casa es de **ellos.**

NOTE: The preposition **con** has two irregular forms, **conmigo** and **contigo,** which are used with the first and second persons singular.

¿Quieres ir conmigo?
Voy contigo.

N. Possessives

1. Possessives Before the Noun

SINGULAR		PLURAL	
mi	*my*	**mis**	*my*
tu	*your (fam.)*	**tus**	*your (fam.)*
su	*your (pol.), his, her*	**sus**	*your (pol.), his, her*
nuestro(a)	*our*	**nuestros(as)**	*our*
vuestro(a)	*your (fam.)*	**vuestros(as)**	*your (fam.)*
su	*your (pol.), their*	**sus**	*your (pol.), their*

a. Possessive adjectives agree in gender and in number with that which is possessed and not with the possessor.

mi camisa   mis camisas   nuestro libro
tu coche   tus coches   nuestras máquinas

b. If the forms **su** or **sus** are unclear, a prepositional object pronoun form may be used for clarification.

Su libro   El libro **de él**
                  de ella
                  de usted
                  de ustedes
                  de ellos
                  de ellas

2. Possessives After the Noun

    a. Adjectives

SINGULAR		PLURAL	
mío(a)	*mine*	**míos(as)**	*mine*
tuyo(a)	*yours (fam.)*	**tuyos(as)**	*yours (fam.)*
suyo(a)	*yours (pol.),*	**suyos(as)**	*yours (pol.),*
	his, hers		*his, hers*
nuestro(a)	*ours*	**nuestros(as)**	*ours*
vuestro(a)	*yours (fam.)*	**vuestros(as)**	*yours (fam.)*
suyo(a)	*yours (pol.),*	**suyos(as)**	*yours (pol.),*
	theirs		*theirs*

Possessive adjectives agree in gender and in number with what
is possessed and not with the possessor.

Los pantalones son míos.
La casa es nuestra.
El coche no es tuyo.

    b. Pronouns

SINGULAR		PLURAL	
MASCULINE	FEMININE	MASCULINE	FEMININE
el mío	**la mía**	**los míos**	**las mías**
el tuyo	**la tuya**	**los tuyos**	**las tuyas**
el suyo	**la suya**	**los suyos**	**las suyas**
el nuestro	**la nuestra**	**los nuestros**	**las nuestras**
el vuestro	**la vuestra**	**los vuestros**	**las vuestras**
el suyo	**la suya**	**los suyos**	**las suyas**

As with possessive adjectives, possessive pronouns agree in
gender and in number with what is possessed and not with the
possessor.

Mi coche es nuevo;   *My car is new;*
el tuyo es viejo.   *yours is old.*
Nuestra casa es grande;   *Our house is big;*
la suya es pequeña.   *theirs is small.*

O. Demonstratives

1. Demonstrative Adjectives

SINGULAR	MASCULINE		FEMININE
	este	*this*	esta
	ese	*that (near)*	esa
	aquel	*that (far)*	aquella
PLURAL	estos	*these*	estas
	esos	*those (near)*	esas
	aquellos	*those (far)*	aquellas

Me gusta este libro.   *I like this book.*
Esos guantes son míos.   *Those gloves are mine.*
Aquel coche es bueno.   *That car is good.*

2. Demonstrative Pronouns

A demonstrative pronoun takes the place of a demonstrative adjective and its nouns in a situation in which the antecedent is clear
and need not be repeated. The form is the same as the adjective
listed on the previous page, with the addition of an accent on the
stressed syllable. For example: **éste, ésos, aquél, aquéllos.**

Esta carta es mía;   *This letter is mine;*
ésa es de María.   *that one is Mary's.*
Estos lápices son buenos;   *These pencils are good;*
ésos son malos.   *those are bad.*

P. Comparisons

1. Comparison of Equality

Comparisons of equality are generally in the following pattern:

tanto . . . plus noun . . . plus **como**   *as (so) many (much) . . . as . . .*
tan . . . plus adjective . . .
   plus **como**   *as (so) . . . as . . .*
tanto como   *as much as*
Carlos tiene **tanto** dinero   *Charles has as much money*
  como yo.   *as I (do).*
Yo tengo **tantas** camisas **como** tú.   *I have as many shirts as you.*
Elena es **tan** alta **como** Juanita.   *Ellen is as tall as Jane.*
Estudio **tanto como** mis amigos.   *I study as much as my friends.*

NOTE: **Tanto** is used as either an adjective or as an adverb; **tan** can
      be used only as an adverb.

2. Comparison of Inequality

    a. Regular comparisons of inequality are formed by using **más** or **menos:**

        Tengo **menos** dinero **que** tú.   *I have less money than you.*
        Escribe **más** cartas **que** yo.   *He writes more letters than I.*

    b. Certain adjectives are compared in an irregular manner:

        Mi libro es bueno;   *My book is good; his is better.*
        el suyo es mejor.
        El de Susana es el mejor.   *Susan's is the best.*

        Other irregularly compared adjectives follow:

malo, peor	*bad, worse*
viejo, mayor	*old, older (refers to people)*
joven, menor	*young, younger (refers to people)*
mucho, más	*much, more*
poco, menos	*little, less*

    c. Certain adverbs are also compared in an irregular manner:

        Yo hablo español bien, pero ella habla mejor.
        Ella escribe mal, pero yo escribo peor.
        Estudio mucho, pero ellos estudian más.
        Trabaja poco, pero él trabaja menos.

3. Superlatives

    a. Relative Superlative

        Ella es **la más hermosa** de todas.   *She is the prettiest of all.*
        El es **el más listo** de la familia.   *He is the most clever in the family.*

    b. Absolute Superlative

        Catalina es muy hermosa.   Catalina es hermosísima.
        Susana es muy feliz.   Susana es felicísima.
        Juan es muy amable.   Juan es amabilísimo.

Q. Relatives

A relative pronoun relates back to its antecedent, whether it be a person or an inanimate object.

1. **Que** *(that, which, who, whom)* is the most commonly used relative pronoun and refers to both persons and things.

El hombre **que** me escribió viene.	*The man who wrote to me is coming.*
La casa **que** tengo es pequeña.	*The house (that) I have is small.*
La ciudad en **que** vivo es grande.	*The city in which I live is big.*

2. **Quien, quienes** *(who, whom)* refer only to persons. They are generally used after prepositions, but may also be substituted for **que** when *who* is separated from the preceding clause by a coma.

La chica con quien hablo es mi prima.
The girl with whom I speak is my cousin.

El jefe, quien es mexicano, habla mucho.
The boss, who is Mexican, speaks a lot.

3. **El cual, el que, la cual, la que, los cuales, los que, las cuales, las que** *(who, whom, which, he who, she who, the one who, the ones who, those who)* may be substituted for the **que** and **quien (quienes)** for clarification of the antecedent.

El padre de María, **el cual (el que)** es inteligente, es ingeniero.
Mary's father, who is intelligent, is an engineer.

Allí hay muchos señores entre **los cuales** está mi padre.
There are many men there, among which is my father.

El que trabaja gana mucho dinero.
He who works earns much money.

4. **Lo cual** and **lo que** *(which)* are neuter relative pronouns and refer to an antecedent which is an idea, a concept, an action, a situation, or a statement which cannot be classified as either masculine or feminine.

El llegó tarde, **lo cual** no me gustó.
He arrived late, which I didn't like.

Yo soy estudiante, **lo que** me obliga a estudiar mucho.
I am a student, which obligates me to study a lot.

NOTE: **Lo que** often carries the meaning of *what* in the sense of *that which.*

| No sé lo que quiere Enrique. | *I don't know what Henry wants.* |
| Lo que hizo me sorprendió. | *What (that which) he did surprised me.* |

R. Por and Para

1. **Para** is used in the following situations:

a. a goal: Estudio para ser abogado.

b.	in order to (purpose):	Se come para vivir.
		Viene aquí para hablar español.
c.	destined for:	La carta es para ella.
d.	destination:	Van para España. *(towards)*
		Caminan para el parque.
e.	time deadline:	La lección es para mañana.
		Llegue Ud. para las ocho.
f.	to be used for:	Es una cucharita para azúcar.
		Es una botella para leche.
g.	comparison:	Para viejo, corre rápidamente.
		Para niño, escribe bien.
h.	with **estar:**	Estoy para salir. *(to be about to)*
		No estoy para bromas. *(to be in the mood for)*

2. **Por** is used in the following situations:

a.	by means of	Vino por avión.
		La carta llegó por correo aéreo.
b.	through, along, by	Paseábamos por el parque.
		Entró por la ventana.
		Corrió por la calle.
c.	duration of time	Estuvo aquí por una semana.
		Viene aquí por las fiestas. *(during)*
d.	in exchange for	Compré el libro por cinco dólares.
		Le di mi pluma por su lápiz.
e.	per	Cincuenta kilómetros por hora.
		Cien por ciento. (100%)
f.	on behalf of, on account of, for the sake of, because of	Lo hizo por su madre.
		No fue por estar enfermo.
		Conseguí el puesto por mi hermana.
g.	mistaken identity	Me tomaron por español porque hablo tan bien.
		Lo tomaron por un ladrón.
h.	passive voice	El libro fue escrito por Asturias.
		La casa fue construida por mi abuelo.
i.	object of an errand	Ella me mandó por un periódico.
		Fue por la policía.
j.	with **estar**	Estoy por ese candidato. *(to be in favor of)*
		Están por terminar el trabajo. *(to have yet to)*

k. Idiomatic expressions with **por:**

por ahora	*for the time being, for now*
por consiguiente	*therefore*
por desgracia	*unfortunately*
por Dios	*for heaven's sake*

por ejemplo	*for example*
por el estilo	*of that kind*
por eso	*therefore, for that reason*
por favor	*please*
por fin	*finally*
por gusto	*for the sake of*
por lo común	*generally*
por lo menos	*at least*
por lo pronto	*for the time being*
por lo visto	*evidently*
por medio de	*through*
por qué	*why*
por supuesto	*of course*

S. Interrogatives

The following is a list of commonly used interrogative words:

¿Qué?	*What? Which?*
¿Quién(es)?	*Who? Whom?*
¿De quién(es)?	*Whose?*
¿Cuál(es)?	*Which? Which one(s)? What?*
¿Cómo?	*How?*
¿Cuánto(a)?	*How much?*
¿Cuántos(as)?	*How many?*
¿Dónde?	*Where?*
¿Adónde?	*(To) where?*
¿Por qué?	*Why?*
¿Para qué?	*For what reason?*
¿Cuándo?	*When?*

T. Numbers

1. Cardinal Numbers

1	uno	9	nueve	17	diez y siete
2	dos	10	diez	18	diez y ocho
3	tres	11	once	19	diez y nueve
4	cuatro	12	doce	20	veinte
5	cinco	13	trece	21	veinte y uno
6	seis	14	catorce	30	treinta
7	siete	15	quince	40	cuarenta
8	ocho	16	diez y seis	50	cincuenta

60	sesenta	116	ciento diez y seis	900	novecien-
70	setenta	200	doscientos(as)		tos(as)
80	ochenta	300	trescientos(as)	1000	mil
90	noventa	400	cuatrocientos(as)	2000	dos mil
100	cien	500	quinientos(as)	1.000.000	un millón
101	ciento uno(a)	600	seiscientos(as)	2.000.000	dos mi-
110	ciento diez	700	setecientos(as)		llones
111	ciento once	800	ochocientos(as)		

2.   Ordinal Numbers

primero(a)	*first*	sexto(a)	*sixth*
segundo(a)	*second*	séptimo(a)	*seventh*
tercero(a)	*third*	octavo(a)	*eighth*
cuarto(a)	*fourth*	noveno(a)	*ninth*
quinto(a)	*fifth*	décimo(a)	*tenth*

U. Days of the Week

lunes	*Monday*	viernes	*Friday*
martes	*Tuesday*	sábado	*Saturday*
miércoles	*Wednesday*	domingo	*Sunday*
jueves	*Thursday*		

V. Months of the Year

enero	*January*	julio	*July*
febrero	*February*	agosto	*August*
marzo	*March*	septiembre	*September*
abril	*April*	octubre	*October*
mayo	*May*	noviembre	*November*
junio	*June*	diciembre	*December*

W. Seasons of the Year

la primavera	*spring*
el verano	*summer*
el otoño	*fall*
el invierno	*winter*

APÉNDICE 3:
IDIOMATIC EXPRESSIONS

150 Commonly Used Idiomatic Expressions

a cargo de	*under the responsibility of*
a eso de	*about, around (referring to time)*
a fondo	*in depth*
a gritos	*at the top of one's voice*
a la redonda	*to be all around*
a la salida	*on the way out*
a la vez	*at the same time*
a lo largo de	*along*
a lo menos	*at least*
a mediados de	*around the middle of*
a medida que	*as, while*
a menudo	*often, frequently*
a pesar de	*in spite of*
a poco andar	*before long*
a principios de	*at the beginning of*
a su disposición	*at your service*
a sus órdenes	*at your service*
a su vez	*in (your) turn*
a través de	*through, across*
a ver	*let's see*
acabar de	*to have just*
al alcance de	*within reach of*
al azar	*by chance*
al cabo de	*at the end of*
al fin y al cabo	*after all*
al instante	*at once, immediately*
al pan pan y al vino vino	*call a spade a spade*
al poco rato	*after a short while*
así como	*just as*
así que	*so that, so*
cada vez más	*more and more all the time*
claro	*of course*
cómo no	*of course*
con tal que	*provided that*
cuanto antes	*as soon as possible*
dar ánimo	*to inspire*
dar con	*to come across, to meet*
darse cuenta de	*to realize*
darse prisa	*to be in a hurry*
de ahí	*hence*
de aquí en adelante	*from now on*
de buena (mala) gana	*willingly, unwillingly*

de costumbre	*generally, usually*
de cuando en cuando	*from time to time*
de ida y vuelta	*round trip*
de mal en peor	*from bad to worse*
de manera que	*so that*
de modo que	*so that*
de nada	*you are welcome*
de nuevo	*again*
de otro modo	*otherwise*
de pronto	*soon*
de repente	*suddenly*
de tarde en tarde	*at long intervals*
de todos modos	*at any rate*
de veras	*really*
de vez en cuando	*from time to time*
dejar de	*to stop, to fail to*
del todo	*wholly, completely*
echar de menos	*to miss (a person)*
en cambio	*on the other hand*
en conjunto	*together*
en cuanto a	*as for, concerning*
en efecto	*as a matter of fact, in fact*
en el acto	*at once, on the spot*
en fin	*in short*
en la actualidad	*at the present time*
en punto	*on the dot, sharp (referring to time)*
en seguida	*at once, immediately*
en vez de	*instead of*
entre tanto	*meanwhile*
es preciso	*it is necessary*
espero que sí (no)	*I hope so (not)*
estar de acuerdo	*to be in agreement*
fijarse en	*to stare at*
frente a frente	*face to face*
hacer cola	*to stand in line*
hacer falta	*to need*
hacer un papel	*to play a role*
hasta la vista	*until we meet again*
hay que	*one must, it is necessary to*
hay que ver	*live and learn, it remains to be seen*
hoy día	*nowadays*
ir de paseo	*to go for a walk*
la mayor parte	*most of*
lo de menos	*the least difficult part*
los (las) dos	*both*
llegar a ser	*to become*
llevar a cabo	*to carry out (a mission or project)*
más allá de	*beyond*
más bien	*rather*
más que nunca	*more than ever*
meter la pata	*to put one's foot in one's mouth*
mientras tanto	*meanwhile*
misa de gallo	*midnight mass*
nada de particular	*nothing special*
ni siquiera	*not even*

no cabe duda	*there is no doubt*
no hay de que	*you are welcome*
no obstante	*nevertheless, despite*
no poder más	*not to be able to stand it any longer*
oír decir	*to hear it said*
otra vez	*again*
perder el conocimiento	*to lose consciousness*
poco a poco	*little by little*
ponerse a	*to begin to, to start out to*
por aquí (allí)	*around here (there)*
por cuenta propia	*on one's own account*
por el contrario	*on the other hand*
por eso	*therefore, for that reason*
por fin	*finally*
por lo menos	*at least*
por lo tanto	*therefore*
por medio de	*by means of*
por supuesto	*of course*
por término medio	*on the average*
por todas partes	*everywhere*
prestar atención	*to pay attention*
¿Qué hay nuevo?	*What's new?*
que lo pase bien	*goodbye, farewell*
¿Qué tiene?	*What's the matter?*
quemarse las pestañas	*to burn the midnight oil*
querer decir	*to mean*
raras veces	*seldom*
romper a llorar	*to burst into tears*
sea lo que sea	*be that as it may*
ser aficionado a	*to be fond (a fan) of*
si bien	*although*
sin embargo	*however, nevertheless*
sin sentido	*unconscious*
tal vez	*perhaps, maybe*
tan pronto como	*as soon as*
tardar en	*to delay in, to be long in*
tener éxito	*to have success*
tener lugar	*to take place*
tener ra ón	*to be right*
todo el mundo	*everybody, everyone*
todo un hombre	*a real man*
tomarle el pelo	*to pull one's leg*
tratar de	*to try to*
tratarse de	*to be a matter (question) of*
unos cuantos	*a few*
valer la pena	*to be worthwhile*
volver a **plus infinitive**	*to do something again*
ya es la hora	*it's time, the hour is over*
ya lo creo	*of course, certainly*

VOCABULARIO

ABBREVIATIONS

adj.	adjective	*m.*	masculine noun
adv.	adverb	*pl.*	plural
conj.	conjunction	*prep.*	preposition
f.	feminine noun	*pron.*	pronoun

abanicarse to fan oneself
abatir to discourage, to humble
abofetear to slap
abogado *m.* lawyer, attorney
aborrecer to abhor, to hate
abrazar to embrace
abrochar to fasten
aburrirse to become bored
acabar to finish; **— de** to have just
acallar to calm
acaparar to engross
acariciar to caress
acarrear to incur, to occasion
acaso *adv.* perhaps, maybe
accésit *m.* second prize
aceite *m.* oil
acera *f.* sidewalk
acero *m.* steel; **telón de —** iron curtain
aclarar to explain, to make clear
acoger to welcome, to receive
acomplejado *adj.* perplexed
acongojado *adj.* vexed, afflicted
acoquinarse to become terrified
acordarse to remember
acorde *m.* (mus.) chord
acorralar to intimidate, to corner
acosar to harass, to pursue relentlessly
acrisolado *adj.* reliable, tried, pure
actualidad *f.* present time; **en la —** presently, at the present time
actualmente *adv.* at the present time
acudir to come to one's aid
achinar to intimidate
adivinar to guess

adormecer to put to sleep
adulterar to adulterate, to change
advertir to warn, to point out, to notice
afanarse to busy oneself
afeitarse to shave oneself
afueras *f.pl.* outskirts
agarrar to grab, to grasp
agarrotar to squeeze, to pinch, to bind, to strangle
agolpar to crowd
agotar to wear out, to be exhausted
agregar to add, to admit
aguantar to bear, to endure
aguardar to await
agudizar to sharpen, to get worse
aguja *f.* needle
ahogar to choke, to suffocate
ahondar to penetrate
ahorrar to save
ahorros *m.pl.* savings; **caja de —** savings bank
ahuyentar to drive away
ajeno *adj.* remote, disinterested
ajustado *adj.* just right, perfect
ala *f.* wing
alambre *m.* wire
alameda *f.* poplar grove
álamo *m.* poplar tree
alargar to expand, to extend, to stretch, to reach
alborotar to make a racket, to clatter
alborozar to gladden, to overjoy, to excite
alcanfor *m.* camphor

alcanzar to reach, to achieve
alcaraván *m.* bittern, heron
alcoba *f.* bedroom
alegría *f.* happiness
alejarse to move away, to move aside
alentar to encourage, to inspire
alero *m.* eave
algodón *m.* cotton
aliento *m.* breath
alimaña *f.* varmint, small predatory animal
alinear to line up
alma *f.* soul
almohada *f.* pillow
alquiler *m.* rent
alrededor *adv.* around; — **de** around, about; **alrededores** *m.pl.* surrounding area
altura *f.* height
aludido *m.* the one referred to
alumbrar to illuminate, to shine
alzar to raise
amable *adj.* kind, amiable
amanecer to start the day, to dawn
amanecida *f.* dawn, daybreak
amargo *adj.* bitter
amargura *f.* bitterness
amartillar to cock (a gun)
ámbito *m.* scope
ambos *adj. & pron.* both
amenazar to threaten
amilanar to intimidate, to terrify
aminorar to lessen, to diminish
amparo *m.* aid, shelter
ampliar to broaden, to extend
anciano *m.* old man
ancho *adj.* wide
anfitriona *f.* lavish hostess
anhelante *adj.* yearning, gasping
anhelo *m.* desire
anillo *m.* ring
ánimo *m.* spirit, intention, thought; **hacer ánimos** to make an attempt
anochecer to grow dark
anonadar to overwhelm
ansia *f.* anxiety, desire
ansiar to desire
añadir to add
añoranza *f.* longing, sorrow
apagar to turn off, to extinguish
aparatosamente *adv.* ostentatiously
aparecer to appear
apartarse to withdraw, to move aside
aparte *adv.* apart, aside; — **de** apart from, aside from
apellido *m.* last name, surname

apenar to cause sorrow to, to grieve
apenas *adv.* hardly, scarcely
aperitivo *m.* appetizer
ápice *m.* bit, iota
aplastar to crush
apodo *m.* nickname
apoyar to lean, to support
apresuradamente *adv.* hastily
apretado *adj.* dense, thick
apretar to tighten, to squeeze, to hold tight, to press
aprisco *m.* sheepfold
aprovechar to take advantage of
apuntar to aim, to point
apurar to hurry, to hasten
arañazo *m.* deep scratch
árbol *m.* tree
arco *m.* arch, hoop; — **iris** rainbow
ardientemente *adv.* ardently
arena *f.* sand
armario *m.* closet, wardrobe
armella *f.* eyebolt, screw eye
arnés *m.* harness; **arneses** *m.pl.* furniture, accessories
arrancar to pull out
arrastrar to drag
arrebolar to redden, to turn red
arreglar to arrange, to fix, to pack
arrepentirse to repent, to change one's mind
arriba *adv.* up, upward, upstairs
arriesgarse to risk
arrodillarse to kneel
arrojar to throw
arrollar to sweep away
arrugar to wrinkle
asamblea *f.* assembly
asco *m.* disgust, loathing
asegurado *m.* insured
asegurar to assure, to assert, to insure
asiento *m.* seat
asomar to appear, to lean out, to stick out
asombrar to astonish
aspirar to draw in the smell
astro *m.* star
asustar to frighten
atar to tie, to fasten
atardecer *m.* late afternoon
ataúd *m.* coffin
atemorizar to scare, to frighten
ateneo *m.* athenaeum
aterrar to terrify
atiborrar to stuff, to pack
atraer to attract
atragantar to put in one's throat

atrasado *adj.* slowed, late, slow; **— de noticias** behind the times
atravesar to cross, to pierce, to go through
atreverse to dare
atropelladamente *adv.* hastily, tumultuously
atropellar to run over
aullar to howl
avergonzarse to be ashamed
avisar to advise, to notify
avivar to revive, to enlighten, to brighten
axila *f.* armpit
ayuntamiento *m.* municipal government
azotar to lash, to whip

baba *f.* spittle
bachillerato *m.* bachelor's degree, baccalaureate
baile *m.* dance; **pista de —** dance floor
bajar to descend, to go down
balde *m.* bucket, pail; **en —** in vain
balneario *m.* spa, health resort
balsa *f.* raft
banco *m.* bench, bank
bandeja *f.* tray
barato *adj.* inexpensive, cheap
barba *f.* beard
barco *m.* boat, vessel
barriga *f.* belly
barrizoso *adj.* of clay or dirt
barro *m.* mud
basura *f.* rubbish
bata *f.* smock, dressing gown
batir to beat, to strike down
beca *f.* scholarship
belleza *f.* beauty
bendecir to bless
besar to kiss
bienestar *m.* well-being, welfare
bienvenida *f.* welcome
bilis *f.* bile
boca *f.* mouth
bocado *m.* mouthful, bite
boceto *m.* sketch
bocina *f.* horn, trumpet
boda *f.* wedding
bofetada *f.* slap
boina *f.* beret
bolsillo *m.* pocket
bolso *m.* purse, bag, pocketbook
bonzo *m.* Buddhist monk
borde *m.* edge, border

borrachera *f.* drunkenness
borracho *adj.* drunk
borraja *f.* (bot.) borage, herb; **agua de borrajas** up in the air
borrar to erase
boticario *m.* pharmacist
botita *f.* bootie
braga *f.* diaper
brazo *m.* arm
breve *adj.* short, brief
brevete *m.* credentials, identification papers
bribón *m.* scoundrel, rascal
brillante *m.* diamond; *adj.* shining, brilliant
brillar to shine
brindar to offer, to toast
brío *m.* spirit, determination
brotar to gush, to flow from
bruma *f.* fog, mist
bulto *m.* bulk, body
bullir to boil, to teem, to bustle
buque *m.* ship, vessel
burdo *adj.* coarse, common, ordinary
burladero *m.* safety area (often in a bullring)
burlar to mock, to make fun of

cabecera *f.* bedside, headboard
cabello *m.* hair
caber to fit, to happen
cabo *m.* end, corporal; **al — de** at the end of; **al fin y al —** after all; **llevar a —** to carry out, to complete
cacharro *m.* piece of junk, worthless object
cadera *f.* hip
cafetera *f.* coffee pot
caja *f.* box, chest, safe, strongbox; **— de ahorros** savings bank
calvicie *f.* baldness
calvo *adj.* bald
calzoncillos *m.pl.* drawers, underdrawers
callar to be silent, to silence
callejón *m.* alley, lane
camarero *m.* waiter
cambiar to change, to exchange
camilla *f.* stretcher
camillero *m.* orderly
caminata *f.* walk
camión *m.* truck
campanazo *m.* big bell
candado *m.* padlock
cansancio *m.* weariness

cantante *m.&f.* singer
cantar to sing
cantarcillo *m.* little song
canturrear to hum
capaz *adj.* able, capable, competent
caracol *m.* snail
carcajada *f.* outburst of laughter
caricia *f.* caress
cariño *m.* affection
carrazo *m.* big car
carrera *f.* race, career
carretera *f.* highway
carro *m.* cart, wagon, car
carta *f.* menu, letter
cartelera *f.* billboard
cartero *m.* mailman
caso *m.* case, event; **hacer — de** to pay attention to
catedrático *m.* university professor
cateto *m.* villager
cauce *m.* channel
cavar to dig
caza *f.* hunt, pursuit
cebolla *f.* onion
ceder to give up, to yield
cegar to blind
ceja *f.* eyebrow
cenar to eat dinner
cenicero *m.* ashtray
censura *f.* censorship
cercanías *f.pl.* neighborhood, vicinity
cerradura *f.* lock
cerveza *f.* beer
cesta *f.* basket
cielo *m.* sky, heaven
cierto *adj.* certain; **por —** *adv.* certainly
cima *f.* summit
cintura *f.* waist
circo *m.* circus
cita *f.* date, appointment
clausurar to cloister
claxón *m.* horn
cobarde *m.f.* coward
cobrar to charge, to collect
cobre *m.* copper
cocina *f.* kitchen
cocinera *f.* cook
coger to pick up, to take hold of
cogote *m.* back of the neck
colar to filter through
colchón *m.* mattress
colegio *m.* school, high school
coletazo *m.* lash
colgar to hang
colilla *f.* cigarette butt

colina *f.* hill
colocar to place
colorete *m.* rouge
comisura *f.* juncture of lips
cómodo *adj.* comfortable
compartir to share
complacer to please
complutense *adj.* (*pertaining to*) Alcalá de Henares
comprobar to prove, to verify
concebir to conceive
conceder to grant
concurso *m.* contest, competition
conducir to lead, to drive
confiar to trust, to entrust
confín *m.* confine, boundary, border
confortante *adj.* comforting
confunder to confuse, to confound
congoja *f.* anguish, grief
conjetura *f.* conjecture
conjunto *m.* aggregation, whole, ensemble
conmovedor *adj.* moving, touching
conseguir to obtain, to achieve
consejo *m.* advice
constar to be clear, to be certain; **hacer —** to state, to reveal
contar to count, to tell
contenido *m.* contents, content
continuación *f.* continuation; **a —** later on
contorno *m.* outline
contrariar to annoy, to provoke
convecino *m.* fellow neighbor
copa *f.* goblet
copla *f.* verse, couplet
corazón *m.* heart; **hacer de tripas —** to put on a bold front, to pluck up courage
corbata *f.* tie
correo *m.* mail
corregir to correct
corresponsal *m.f.* correspondent
corriente *adj.* common, current; **al —** on time, paid up
cortina *f.* curtain
corto *adj.* short
corvina *f.* bass, sea eel
cosecha *f.* harvest
cotidiano *adj.* daily
creciente *adj.* growing, increasing
crepúsculo *m.* twilight
criado *m.* servant
criar to raise, to rear, to breed
criatura *f.* baby, child, creature
crin *f.* mane, horsehair

crío *m.* baby
crispar to cause to twitch
crónica *f.* chronicle
crujido *m.* creak, clatter
cruzar to cross
cuaderno *m.* notebook
cuadra *f.* block (city)
cualquier *adj.* any
cuando *conj.* when; **de — en —** from time to time; **de vez en —** from time to time
cuanto *adj.* and *pron.* as much as, whatever; **en — a** as for, with regards to
cuartel *m.* dwelling, house
cuartilla *f.* small piece of paper
cuarto *m.* room, fourth, quarter; **— de estar** living room
cubero *m.* cooper
cubo *m.* bucket
cubrir to cover
cuchara *f.* spoon
cuchillo *m.* knife
cuello *m.* neck
cuenta *f.* bill, account; **darse — de** to realize
cuento *m.* story
cuerno *m.* horn; **un —** a bit, at all
cuerpo *m.* body
cuidado *m.* care, concern, worry; **tener —** to be careful
culpar to blame
cumbre *f.* summit
cumplido *m.* courtesy
cumplir to fulfill, to perform, to keep a promise
cuota *f.* fee, quota
cúpula *f.* cupola, dome
cura *m.* priest; *f.* clergy
curandero *m.* healer, quack

chapotear to splash, to moisten
chaqueta *f.* jacket
chascarrillo *m.* joke, funny story
chicharra *f.* cricket
chillar to scream, to shriek
chillón *adj.* loud (color)
chirriar to creak, to squeak
chiste *m.* joke
chiva *f.* goat
chochear to dote
choque *m.* clash, crash
chorrear to gush, to drip
chupada *f.* puff (of a cigarette)
chupar to suck

dañar to harm, to hurt
dar to give; **darse cuenta de** to realize
debajo *adv.* below, underneath
debido *adj.* due, just, proper
débil *adj.* weak
decorosamente *adv.* respectfully, decorously, decently
dedo *m.* finger
defraudar to cheat, to defraud
dejar to leave, to let; **dejar de** *plus inf.* to stop or cease; **no dejar de** *plus inf.* to not fail to
delantal *m.* apron
delante *adv.* before, in front
delgado *adj.* thin
demás *adj.* other, rest of the; **los —** the others, the rest
demasiado *adv.* too, too much
demorar to delay
demudar to change, to change in color
derecho *m.* right, law, privilege; straight
derramar to spill
derredor *m.* circumference; **en —** around, round about
derrochar to waste
derrota *f.* defeat
desabrido *adj.* unpleasant, gruff
desalentar to discourage
desaliento *m.* discouragement, weakness
desalmado *adj.* soulless, cruel, inhuman
desaparecer to disappear
descansar to rest
descarga *f.* discharge (of a gun)
descarriar to lead astray, to lead off the road
descartar to dismiss
descifrar to decipher, to decode
descolgar to take down
descubrir to discover
descuidar to neglect
desde *prep.* since, from; **— luego** of course, doubtless
desdicha *f.* misfortune
desencajar to disfigure, to become contorted
desentonar to humble the pride of
desesperadamente *adv.* desperately
desfallecer to weaken
desfilar to march
desgarradura *f.* tear, rip
deslizar to slide, to slip
desnudar to undress

desorbitado *adj.* bulging
desordenadamente *adv.* disorderly
despacio *adv.* slowly
despachar to wait on customers
despatarrar to dumbfound
despedir to dismiss, to discharge;
    despedirse de to take leave of
despegar to open, to loosen
despeinar to muss one's hair
desperdiciar to waste, to squander
despertador *m.* alarm clock
desplomar to collapse
despojo *m.* spoils, plunder
desportillado *adj.* chipped
despreciar to scorn, to reject
desprender to give off, to send out
destacamento *m.* detachment (military)
destacar to stand out
destitución *f.* abandonment, depriving
desviar to deviate, to sway
detalle *m.* detail
detener to stop
diario *m.* daily (paper); *adj.* daily
diablo *m.* devil
dirigirse to go towards
disculpar to excuse
discutir to argue, to discuss
disertar to discourse in detail
disfrutar to have the benefit of, to
    enjoy
disimular to hide, to conceal
disminuir to lessen, to diminish
disparate *m.* nonsense, foolishness
disponer to dispose, to arrange, to
    order
disponible *m.* property of the place;
    adj. available
distenderse to unwind, to stretch
distraerse to amuse oneself
doblar to fold, to crease
doctorado *m.* doctorate
doler to ache, to hurt, to distress
dominical *adj.* (*pertaining to*) Sunday
doncella *f.* maiden, housemaid
dormitorio *m.* dormitory, bedroom
dosificado *adj.* in proportion
dueño *m.* owner
durar to last
dureza *f.* hardness, roughness

echar to throw
édito *adj.* published
editorial *f.* publishing house
ejercer to work as
elegir to elect, to choose

embarazo *m.* pregnancy,
    embarrassment
emborracharse to become drunk
empañar to dim, to dull, to blur
empeño *m.* earnest desire
empapar to drench
empavorecido *adj.* frightened
emperador *m.* emperor
emprender to undertake
empujar to push
empuñar to grasp
enamorarse to fall in love
encaje *m.* lace
encargar to entrust, to charge
encargo *m.* commission, job,
    assignment; **por —** by request
encender to light, to kindle
encerrar to lock up, to shut in
encima *adv.* above, on top
encogerse to cringe, to be discouraged
enfilar to line up
enfrascarse to entangle oneself, to get
    involved
enfrentarse to confront, to face up to
enfriamiento *m.* cooling
enfundar to put something in its case
enfurecer to enrage, to infuriate
enfurruñarse to sulk, to get angry
engañar to deceive
engendro *m.* clownish person
engullir to gulp down
enhorabuena *f.* congratulations
enredar to twist, to tangle
enrojecer to redden, to make blush
ensayo *m.* essay
enseñanza *f.* education, teaching
ensordecer to deafen
ensuciar to dirty, to stain, to soil
enterarse to find out, to inform
    oneself
enterrar to bury, to inter
entrada *f.* admission ticket, entrance
entrañas *f.pl.* entrails, insides, (*fig.*)
    heart
entre *prep.* between, among
entreabierto *adj.* half-open, ajar
entregar to hand over
entretener to entertain
entrevista *f.* interview
entristecer to sadden
envejecer to grow old
envidiar to envy
envío *m.* shipment, remittance
envolver to wrap
equivocarse to make a mistake
erguirse to raise up

erizar to stand on end, to bristle
errante *adj.* wandering, nomadic
escalera *m.* stairway, step
escalonado *adj.* placed at intervals
escarmentado *adj.* having learned by experience
escena *f.* stage, scene
escocer to sting
escolar *adj.* (pertaining to) school, scholarly
escupir to spit
esfera *f.* sphere
esforzarse to exert oneself
esfuerzo *m.* effort
espalda *f.* back
espantar to frighten, to scare
especie *f.* type, kind, specie
espectador *m.* spectator
espejo *m.* mirror
espeluznante *adj.* hair-raising
esperanza *f.* hope
espeso *adj.* thick
espina *f.* fish bone
establo *m.* stable
estadía *f.* stay
estallar to break into a rage
estar to be; **cuarto de —** living room
estertor *m.* death rattle
estilete *m.* dagger, stiletto
estimar to esteem, to estimate, to think
estival *adj.* summer
estofado *m.* stew
estómago *m.* stomach
estornudo *m.* sneeze
estrechar to tighten, to narrow; **— la mano** to shake hands
estrella *f.* star
estrellar to crash, to smash
estremecer to shake, to tremble
estrepitosamente *adv.* boisterously
estribo *m.* stirrup; **perder los estribos** to lose one's head
estruendoso *adj.* crashing
evitar to avoid, to shun
exigir to demand
experimentar to experience
explicar to explain
exponer to expose
exteriorizar to make known, to reveal
extranjero *adj.* foreign; *m.* foreigner
extrañar to miss (a person), to be surprised at
extrañeza *f.* surprise
extraño *adj.* strange

extraordinario *m.* extra number (of a periodical); *adj.* extraordinary
extraviar to get lost

fabulador *m.* fabulist
fachada *f.* facade
fallar to fail
faquir fakir (Hindu wonder-worker)
faro *m.* headlight, beacon, lighthouse
farsante *m.&f.* fake, farce actor
fastidiar to bore, to annoy
felicidad *f.* happiness
felicitar to congratulate
feligrés *m.* parishioner
feliz *adj.* happy
feo *adj.* ugly
ferroviario *adj.* railway
fideos *m.pl.* vermicelli
fiebre *f.* fever
fiel *adj.* faithful
fijamente *adj.* assuredly
fijarse to notice
fin *m.* end, purpose; **al — y al cabo** after all
fingir to pretend
firma *f.* signature
firme *adj.* firm, solid; **de —** hard, steadily
flaco *adj.* thin, skinny
flaqueza *f.* weakness
flema *f.* phlegm
flojedad *f.* laziness, laxity
foco *m.* light bulb, headlight
fondo *m.* depths, bottom
formol *m.* formol (chem.), formaldehyde
fornido *adj.* robust
foso *m.* grave
fracaso *m.* failure
fregadero *m.* sink
fregar to scrub
frenar to brake
fresco *adj.* fresh, cool
fuera *adv.* out, outside, away; **— de** outside of, away from
fuero *m.* power, privilege; **— interno** conscience, inmost heart
fuerza *f.* force, strength
fugarse to flee
fulano *m.* so-and-so
fulgor *m.* splendor, brilliance
fumar to smoke
fúnebre *adj.* funereal, gloomy; **pompa — ** funeral
funesto *adj.* sad, sorrowful, ill-fated

gabardina *f.* cassock, gabardine, raincoat
gaceta *f.* gazette
galardón *m.* reward, prize
galeoto *m.* galley slave
gallera *f.* cockfighting ring
galleta *f.* biscuit, hardtack
gallinero *m.* henhouse, hencoop
gama *f.* gamut
gamberro *m.* libertine
ganar to gain, to earn, to win
garabatear to scribble
garganta *f.* throat
gastar to waste, to spend
gata *f.* she cat; **a gatas** on all fours
gemir to groan
gesto *m.* gesture, grimace, appearance
girar to rotate, to turn
golosina *f.* sweet, tidbit
golpe *m.* blow, hit; **de —** all at once
golpear to hit, to strike
goma *f.* rubber, eraser
gordo *adj.* fat, corpulent
gordura *f.* corpulence
gozar to enjoy
grandeza *f.* greatness, grandeur
granja *f.* farm, country place, dairy
gratuito *adj.* gratuitous, free
grima *f.* annoyance, horror
gris *adj.* gray
gritar to shout
gruñido *m.* grunt
guante *m.*glove
guapo *adj.* handsome
guaracha *f.* old Spanish dance and music
guisante *m.* pea
guiso *m.* dish (cooked)
gusano *m.* worm
gusto *m.* pleasure, taste, flavor; **a —** at will, at one's pleasure

hacer to make, to do; **— ánimos** to make an attempt; **— caso** to pay attention; **— constar** to state, to reveal; **— de tripas corazón** to put on a bold front, to pluck up courage; **hacerse** to become, to get to be
hacia *adv.* toward
hallar to find
hastío *m.* boredom, disgust
haz *f.* face, beam
hecho *m.* act, deed
helar to freeze
herida *f.* wound, injury

hervir to boil
hielo *m.* ice
hilera *f.* row, line
hilo *m.* line, wire, thread
hinchar to swell
hogar *m.* home
hoguera *f.* bonfire
hoja *f.* page, leaf
holandés *m.* Dutch (language); *adj.* Dutch
hombro *m.* shoulder
homenaje *m.* homage
honorífico *adj.* honorable; **mención honorífica** honorable mention
hospedarse to lodge
hucha *f.* chest, savings, large sheet
huérfano *m.* orphan
huerto *m.* orchard, garden
huésped *m.* guest, lodger, host
huevo *m.* egg
huída *f.* flight, escape
huir to flee
hule *m.* rubber
humeante *adj.* steaming
humo *m.* smoke

imponente *adj.* imposing
imprimir to print
inadvertido *adj.* inadvertent, thoughtless, careless
inaudito *adj.* unheard-of, astounding
incapaz *adj.* incapable, incompetent
incontenible *adj.* irrepressible
incorporarse to sit up
increíble *adj.* incredible
inédito *adj.* unpublished
inesperadamente *adv.* unexpectedly
infeliz *adj.* unhappy
ingeniería *f.* engineering
ingeniero *m.* engineer
ingenuo *adj.* ingenuous, naive
ingresar to enter
inmutable *adj.* invariable
inquietarse to get upset, to worry about
inquietud *f.* uneasiness, concern, restlessness
insigne *adj.* famous
instar to urge
intentar to try, to attempt
interno *adj.* internal, inward; **fuero —** conscience, inmost heart
introito *m.* prologue
iris *m.* iris; **arco —** rainbow
izquierda *adj.* left

jadeante *adj.* panting, out of breath
jalar to roll up
jamás *adv.* never, ever
jarra *f.* jar, jug, pitcher
jarro *m.* pitcher
jaula *f.* cage
jefe *m.* boss, leader, chief
jilguero *m.* goldfinch
juboncete *m.* little jacket
judía *f.* string bean, kidney bean
juez *m.* judge
juguete *m.* toy
juguetear to toy with, to play with
junto *adv.* together
juntura *f.* joint, juncture, seam
jurar to swear
justo *adj.* exact, just, correct
juventud *f.* youth
juzgar to judge

labio *m.* lip
ladera *f.* hillside
lado *m.* side
ladrillo *m.* brick
lágrima *f.* tear
lana *f.* wool
lancha *f.* boat, barge
lanilla *f.* flannel, swanskin
lápida *f.* tablet (stone)
largarse to leave
largo *adj.* long; **a lo — de** along
lasitud *f.* weariness
lastimosamente *adv.* pitifully
lata *f.* can, bucket
latido *m.* beating, bark
látigo *m.* whip
latir to throb, to beat
lazo *m.* bow
lento *adj.* slow
leve *adj.* slight, light
librarse to free oneself
libre *adj.* free, outspoken
librería *f.* bookstore
licenciatura *f.* master's degree
ligadura *f.* bond, binding
limar to file
limonar *m.* lemon grove
limosna *f.* alms; **pedir —** to beg for alms
limpiar to clean
lío *m.* mess, row
liso *adj.* smooth
lobo *m.* wolf
localidad *f.* locality, theater seat
lodazal *m.* mudhole
lograr to succeed in, to attain

loma *f.* hill
loro *m.* parrot
luchar to fight, to struggle
luego *adv.* then, soon; **desde —** of course, doubtless
lugar *m.* place
lúgubre *adj.* gloomy, dismal
lujo *m.* luxury

llaga *f.* sore, torment
llama *f.* flame
llanto *m.* crying, weeping
llave *f.* key
llegar to arrive, to reach; **— a ser** to become
llenar to fill
lleno *adj.* full; **de —** completely
llevar to carry, to take; **— a cabo** to carry out, to complete; **llevarse** to take away; **llevarse bien** to get along well with
llorar to cry
lluvia *f.* rain

maceta *f.* flowerpot
macizo *m.* solid, mountain mass
madurez *f.* maturity, ripeness
maduro *adj.* mature, ripe
maestro *adj.* main, principal; **obra maestra** masterpiece; *m.* master, teacher
magia *f.* magic
magisterio *m.* teaching
maldad *f.* evil, wickedness
maldecir to curse
malecón *m.* levee, seawall
maleta *f.* suitcase
mandíbula *f.* jaw
manejar to drive, to manage, to handle
manga *f.* sleeve
manguera *f.* hose
manicomio *m.* insane asylum
manilla *f.* hand of a watch
maniobra *f.* maneuver
mano *f.* hand, coat (of paint); **estrechar la —** to shake hands
manotear to say with a gesture
manta *f.* blanket
mantener to maintain, to keep up
mantel *m.* tablecloth
maquinista *m.&f.* engineer (of a train or engine)
mar *m.&f.* sea
marca *f.* brand, stamp
marcharse to leave

marea *f.* tide
mariposa *f.* butterfly
mármol *m.* marble
marrón *adj.* maroon
martillear to hammer
más *adv.* more, most; **a — de**
  besides, in addition to
mascullar to mumble
matricular to enroll, to register
matutino *adj.* morning
mayordomo *m.* butler, steward
mear to urinate
medalla *f.* medallion, medal
media *f.* stocking
medida *f.* measurement; **a — que** as,
  while
medio *adj.* half, middle; **a medias**
  half-and half, partially; **término
  medio** compromise, average
mejilla *f.* cheek
mención *f.* mention; **— honorífica**
  honorable mention
menear to move from side to side
mengana *f.* so-and-so
mensaje *m.* message
menta *f.* mint
mente *f.* mind
mentir to lie
mentiroso *m.* liar
merecer to deserve; **— la pena** to be
  worthwhile
meta *f.* goal
mezclar to mix, to blend
miedo *m.* fear
miel *f.* honey
mierda *f.* excrement
misa *f.* mass
mismo *adj. & pron.* same, own; **sí —**
  himself
mitad *f.* half, middle
mole *f.* junk heap
molestar to bother, to molest
molestia *f.* bother, annoyance
molino *m.* windmill
moneda *f.* coin
monstruo *m.* monster
montón *m.* multitude, many, pile, heap
morder to bite
mosca *f.* fly (insect)
mostrador *m.* counter
mostrar to show
mozo *m.* waiter, youth
mudar to change
muebles *m.pl.* furniture
mueca *f.* grimace, grin
muerte *f.* death

mundo *m.* world
muñeca *f.* wrist, doll
muslo *m.* thigh

nacer to be born
nariz *f.* nose
natal *adj.* native
negar to deny, to refuse
negocio *m.* business
niebla *f.* fog, mist, haze
nieto *m.* grandson, grandchild
noticia *f.* news, notice; **atrasado de
  noticias** behind the times, behind
  on the news
novedades *f.pl.* news, fashions
nube *f.* cloud
nublar to cloud
nuca *f.* nape
nudillo *m.* knuckle
nuevamente *adv.* recently, newly

obra *f.* work; **— maestra** masterpiece
obrero *m.* worker, laborer
obstante *adj.* standing in the way;
  no — however, nevertheless
obtener to obtain
ocurrente *adj.* witty
odiar to hate
oeste *m.* west
oficio *m.* craft, trade
ofuscar to confuse
oído *m.* ear
ola *f.* wave
oler to smell
ombligo *m.* navel, umbilical cord
ondular to make waves, to undulate
oreja *f.* ear
orgulloso *adj.* proud
oro *m.* gold
oscurecer to grow dark
oscuridad *f.* darkness
ostentar to show, to display, to boast
ostra *f.* oyster
otoño *m.* autumn, fall
otorgar to grant, to confer
oveja *f.* sheep
ovillar to contract, to curl into a ball

padecer to suffer
página *f.* page
pájaro *m.* bird
paletada *f.* shovelful, blow with a
  shovel
palmadita *f.* slap with palm of hand
palmera *f.* palm tree
palmotear to clap

paloma *f.* dove
palpar to touch, to feel
pantalla *f.* screen
pañito *m.* small cloth
pañuelo *m.* handkerchief
parado *adj.* straight up
paraíso *m.* paradise
parar to stop
parecido *adj.* similar
pared *f.* wall
pariente *m.&f.* relative
parir to give birth
párpado *m.* eyelid
particular *adj.* private, particular
partir to split open, to leave, to depart; **a — de** beginning with
parto *m.* delivery (of a baby)
pasadizo *m.* narrow passage
pasear to take a walk, to take a ride; **sacar a —** to take for a walk
pasillo *m.* hallway, corredor
paso *m.* step, pace
pastor *m.* shepherd
patalear to stamp one's feet
patetismo *m.* pathos
patrocinio *m.* sponsorship
paulatinamente *adv.* slowly, gradually
pavor *m.* fear, terror
paz *f.* peace
peatón *m.* pedestrian
pecho *m.* chest, breast; **tomar a —** to take seriously, to take to heart
pedazo *m.* piece
pedir to ask for; **— limosna** to beg for alms
pegar to hit, to strike
pelar to peel, to skin
peldaño *m.* step
pelear to fight
película *f.* film, movie
peligroso *adj.* dangerous
pelota *f.* ball
peludo *adj.* hairy
peluquería *f.* hairdresser's shop, barbershop
pena *f.* sorrow, pain; **merecer la —** to be worthwhile
penosamente *adv.* painfully
pensamiento *m.* thought
penumbra *f.* shadow, penumbra
peña *f.* club, group, circle
perder to lose; **— los estribos** to lose one's head
perentorio *adj.* urgent
perfil *m.* profile
pergeñar to execute
periodismo *m.* journalism

perjudicar to harm, to damage
permanecer to remain, to stay
perseguir to pursue
personaje *m.* character (theater)
pesadamente *adv.* heavily
pesadilla *f.* nightmare
pesar *m.* sorrow, regret; **a — de** in spite of; **pese a** in spite of
peso *m.* weight, monetary unit
pestaña *f.* eyelash
pez *m.* fish
piedra *f.* stone, rock
piel *f.* skin, hide
pierna *f.* leg
pieza *f.* room, spare room
pinta *f.* paint
pintura *f.* painting
piscina *f.* swimming pool
piso *m.* floor, story (of a building)
pista *f.* track, trail; **— de baile** dance floor
pistolero *m.* pistol-shooting gangster
pitar to whistle, to honk
pitillera *f.* cigarette case
pito *m.* whistle
plancha *f.* slab
planchar to iron, to press
plata *f.* silver
plateado *adj.* silver, silver-plated
plenario *adj.* plenary
plomizo *adj.* lead-colored
polvera *f.* compact
polvo *m.* dust
pompa *f.* pomp; **— fúnebre** funeral
por *prep.* by, through, for; **— cierto** certainly
portarse to behave, to conduct oneself
portero *m.* doorman
porvenir *m.* future
poseer to possess
posterioridad *f.* posteriority; **con —** later on, subsequently
posteriormente *adv.* later on
postre *m.* dessert
postrero *adj.* last
pradera *f.* meadowland, prairie
prado *m.* meadow
preciado *adj.* esteemed
precipitación *f.* haste, precipitation
precisar to determine precisely
preclaro *adj.* illustrious, famous
predecir to predict, to foretell
premiar to award, to reward
premio *m.* prize
prensa *f.* press, printing; **tener en —** to go to press
presagiar to foretell, to forebode

presagio *m.* omen
presentir to have a presentiment of
preso *m.* prisoner
pretender to try, to attempt
prevenido *adj.* careful
principio *m.* start, beginning, principle; **al —** at first, in the beginning
prisa *f.* haste
procurar to try, to strive to
prolijo *adj.* tedious
propina *f.* tip, fee
propósito *m.* purpose, intention; **a —** by the way
próximo *adj.* next, near
prueba *f.* proof, test
puente *m.* bridge
pulmón *m.* lung
punto *m.* dot, point; **a — de** on the point of, about to; **en —** sharp, on the dot
puñal *m.* dagger

quebrar to break, to go bankrupt
quedarse to remain, to stay
quedo *adj.* quiet
queja *f.* complaint, lament
quemar to burn
quiebra *f.* bankruptcy
quimera *f.* chimera, unrealizable dream
quirúrgico *adj.* surgical
quisquilloso *adj.* touchy, finicky
quizá *adv.* maybe, perhaps

rabia *f.* rage, anger
rabiosamente *adv.* madly
rabo *m.* tail
radicar to be located, to take root
rama *f.* branch
rasgar to scratch, to rip
raspapolvo *m.* admonition
rastra *f.* track, trail; **a rastras** unwillingly, dragging
raudamente *adv.* swiftly
raya *f.* ray, sting ray
rebanada *f.* slice
rebosar to overflow with, to burst with
rebuscar to search
receta *f.* prescription, recipe
recobrar to recover
recoger to pick up, to gather
recordar to remind, to remember
recorrer to traverse
recorrido *m.* trip, journey
recortar to trim, to cut off

recostar to recline, to lean back
rechazar to reject
redacción *f.* writing
redactor *m.* editor, writer
redil *m.* sheepfold
redondo *adj.* round
regazo *m.* lap
regresar to return
reír to laugh
relato *m.* story
relente *m.* light dew, drizzle
relucir to shine
remendar to repair, to mend
reojo askanse; **de —** out of the corner of one's eye
repantigar to sprawl out in a chair
repartir to distribute
repaso *m.* review
repentinamente *adv.* suddenly
repercutir to rebound, to resound
repoblación *f.* repopulation
reposar to lie, to rest
resplandeciente *adj.* brilliant, radiant
respuesta *f.* answer, reply
restar to deduct, to take away
resuello *m.* hard breathing
retocarse to touch up (one's face)
retroceder to back away
retumbar to resound
reunión *f.* meeting, reunion
reventar to smash, to crash
revista *f.* magazine
revolcar to knock down, to roll over
revuelo *m.* disturbance
ribetear to hem
rincón *m.* corner
riqueza *f.* wealth
risa *f.* laughter, laugh
rizado *adj.* curled
rodear to surround
rodilla *f.* knee
rogar to beg
romper to break; **— a** to burst out, to suddenly start to
ronco *adj.* hoarse
ronda *f.* round (of drinks)
ronquido *m.* snore, harsh sound
rostro *m.* face
roto *adj.* broken
rubio *adj.* blond
ruborizarse to blush
rueda *f.* wheel, pinwheel
ruedo *m.* arena
rumbo *m.* direction, course
rumor *m.* noise, buzz, rumor

sábana *f.* sheet

sabiduría *f.*   wisdom
saborear   to savor, to taste
sacar   to draw out, to pull out;
   — a pasear   to take for a walk
sacerdote *m.*   priest
saco *m.*   sport coat
sacudir   to shake, to jar
saltar   to jump
salud *f.*   health
saludar   to greet, to salute
salva *f.*   welcome, greeting
salvar   to save
sangre *f.*   blood
secar   to dry up
seda *f.*   silk
seguida *adj.*   continued, successive;
   en —   at once, immediately
seguidamente *adv.*   quickly
según *adv.*   according to
semáforo *m.*   traffic signal
semanal *adj.*   weekly
sembrar   to sow, to seed
semejante *adj.*   similar, like
sencillo *adj.*   simple, plain
sentido *m.*   meaning
sentimiento *m.*   feeling
señal *f.*   sign, signal, mark
señalar   to point out, to show
ser *m.*   being
servicial *adj.*   accommodating, obliging
servilleta *f.*   napkin
sesgar   to slant away from
sí *adv.*   yes; **— mismo**   himself
siempre *adv.*   always; **— que**
   provided, whenever
silbato *m.*   whistle, whistling
siniestro *adj.*   sinister
sobre *m.*   envelope
sobreponerse   to keep control of
   oneself
sobresaltar   to startle
sobrevenir   to happen unexpectedly
sobrevivir   to survive
soldar   to solder
soledad *f.*   solitude, loneliness
soler   to be accustomed to
soltar   to let loose, to free
sombra *f.*   shadow, shade
sombrío *adj.*   somber, gloomy
sonar   to sound
sonoro *adj.*   resounding
sonreír   to smile
sonriente *adj.*   smiling
sonrisa *f.*   smile
soñar   to dream
sopesar   to test the weight

sopetón *m.*   slap, box; **de —**   suddenly
soplar   to blow
soportar   to endure, to bear
sorbo *m.*   sip
sorprender   to surprise
sortija *f.*   ring
sospechar   to suspect
subir   to go up, to raise
súbito *adj.*   sudden, unexpected
suceder   to happen, to occur
sucio *adj.*   dirty
sudar   to perspire, to sweat
suelo *m.*   floor, ground, soil
suerte *f.*   luck, fortune
Suiza *f.*   Switzerland
sumamente *adv.*   extremely,
   exceedingly
sumir   to sink
suplicar   to beg
sur *m.*   south
surcar   to cut through, to plough
   through
surgir   to spurt, to spout, to come
   forth
suspirar   to sigh
susurrar   to murmur
suyo *adj.&pron.*   his, hers, yours,
   theirs; **en torno —**   around him

tabernero *m.*   innkeeper
tabla *f.*   slab
tacos *m.pl.*   criticism, curses
tajantemente *adv.*   sharply
tal *adj.*   such; **— vez**   perhaps, maybe
tamaño *m.*   size
tambalearse   to stagger
tampoco *adv.*   neither, not either
tanda *f.*   round (of drinks)
tarea *f.*   task, job, work
tasca *f.*   dive, joint
taurino *adj.*   **taurine** (*pertaining to*)
   bullfighting
teclear   to type
tejado *m.*   roof
telón *m.*   curtain; **— de acero**   iron
   curtain
tema *m.*   theme, subject
temblar   to tremble
temer   to fear
temor *m.*   fear, dread
tempestad *f.*   storm, tempest
tenderse   to stretch out
tener   to have; **no — nada que ver
   con**   not to have anything to do
   with
tenue *adj.*   tenuous, light, soft, faint

término *m.* end, limit, boundary;
— **medio** compromise, average
ternura *f.* tenderness
terraplén *m.* embankment
terreno *m.* land, ground
tesón *m.* grit, tenacity
tiburón *m.* shark
tierno *adj.* soft, tender
timbre *m.* doorbell, bell
tinieblas *f.pl.* darkness
tinto *adj.* red, dark-red; **vino —** red
table wine
tirar to pull, to throw
tiro *m.* shot (of a gun)
toalla *f.* towel, pillow sham
tocador *m.* dressing table, boudoir
tocar to touch, to play an instrument
tontería *f.* foolishness, foolish act
topetón *m.* collision
toreo *m.* bullfighting
torno *m.* turn, revolution; **en — suyo**
around him
trabajosamente *adv.* with much
difficulty
traducir to translate
traductor *m.* translator
trago *m.* swallow, swig
traición *f.* act of treason, treachery
trajear to dress, to clothe
transcurrir to pass, to elapse
transfundir to communicate
trapecio *m.* trapeze
trapito *m.* rag, small cloth
tras *prep.* after
trasladarse to move (*to another place*)
trasluz *m.* diffused light, glint; **al —**
against the light
traspasar to pierce, to transfix
trasto *m.* piece of junk
trastornar to upset, to make dizzy
tratar to handle, to deal with; **— de**
to try to; **tratarse de** to be a
question of
travieso *adj.* mischievous, naughty
trecho *m.* distance
trepar to climb
tripas *f.pl.* insides; **hacer de —**
corazón to put on a bold front,
to pluck up courage
tropezar to trip
tumbar to knock over, to knock down,
to catch
tumbos *m.pl.* tossing
turbio *adj.* muddled, confused
turpial troupial (bird)

último *adj.* latest, last
umbral *m.* threshold, doorsill
ungüento *m.* ointment, unguent
uña *f.* fingernail

vacilación *f.* hesitation, unsteadiness
vacío *m.* void, emptyness
vaivén *m.* wavering, unsteadiness
vajilla *f.* table service, set of dishes
vasar *m.* shelf
vaticinio *m.* prophesy, prediction
vecino *m.* neighbor
vejez *f.* old age
velador *m.* night watchman
vencer to conquer, to defeat
vendedor *m.* seller, street vendor
ventaja *f.* advantage
ventilador *m.* fan, ventilator
ver to see; **no tener nada que — con**
not to have anything to do with
vera *f.* edge, border
veranear to spend the summer
veraniego *adj.* summer
verdeante *adj.* turning green
verdugo *m.* hangman, executioner
vereda *f.* path
vespertino *adj.* evening
vestirse to dress oneself
veta *f.* vein
vez *f.* time; **a la —** at the same time;
de — en cuando from time to
time; **tal —** perhaps, maybe
vía *f.* track, road, route
viaje *m.* trip, journey
viento *m.* wind
vientre *m.* belly, womb, stomach
vigilar to watch over
vino *m.* wine; **— tinto** red table wine
vistazo *m.* look, glance
viuda *f.* widow
vivienda *f.* dwelling
volante *m.* steering wheel
voltear to turn around
voluntad *f.* will
volver to return; **volver a** (*plus inf.*)
again
vuelo *m.* flight

ya *adv.* already, now; **— que** since,
inasmuch as
yacer to be situated, to lie
yerno *m.* son-in-law

zapatero *m.* shoemaker
zarandear to shift, to screen